经济管理学术文库·管理类

国际企业管理

International Management

田 鑫/著

经济管理出版社
ECONOMY & MANAGEMENT PUBLISHING HOUSE

图书在版编目（CIP）数据

国际企业管理/田鑫著. —北京：经济管理出版社，2016. 12
ISBN 978 - 7 - 5096 - 4430 - 0

Ⅰ. ①国… Ⅱ. ①田… Ⅲ. ①跨国公司—企业管理 Ⅳ. ①F276. 7

中国版本图书馆 CIP 数据核字（2016）第 116709 号

组稿编辑：宋　娜
责任编辑：宋　娜
责任印制：黄章平
责任校对：雨　千

出版发行：经济管理出版社
　　　　　（北京市海淀区北蜂窝 8 号中雅大厦 A 座 11 层　100038）
网　　址：www. E - mp. com. cn
电　　话：（010）51915602
印　　刷：北京晨旭印刷厂
经　　销：新华书店
开　　本：720mm × 1000mm/16
印　　张：9
字　　数：171 千字
版　　次：2016 年 12 月第 1 版　　2016 年 12 月第 1 次印刷
书　　号：ISBN 978 - 7 - 5096 - 4430 - 0
定　　价：88. 00 元

前　言

　　全球经济和商业环境正在发生变化，金融危机和经济衰退对全球经济产生了很大冲击，反映出全球经济内在联系的本质。不过，虽然世界经济有着千丝万缕的联系，但世界各国在制度和文化方面仍然存在很大的分歧。

　　跨国公司是经济全球化的产物，也是经济全球化的推动者，更是国际商务活动的主体，在世界范围内发挥着重要的作用，对国际企业管理的研究也尤为重要。

　　本书是系统的解说跨国公司管理理论与实践的著作。国际企业管理，也叫跨国企业管理或者跨国经营，企业进行跨国经营需要考虑各国不同的政治、社会、文化背景等因素，所以企业的国际化经营显得更加复杂。跨国公司以什么样的理论逻辑，将遍布于世界各地的各类资源有效地组织起来，并高效地实施自己的各项战略，从而实现企业设立的目标，对于跨国公司这些行为进行深入地分析是非常重要的。在这样的考量下，本书在阐述跨国经营的理论框架上下了很大的功夫。

　　本书认为跨国经营并不单纯是企业国内业务的海外拓展，在这一前提下，从组织论和战略论的角度进行系统的解说。每一章提出重要的基本视点之后，系统的展示该领域最新的研究动向，并尽量保持一贯性。也尽可能的将欧洲、北美、日本等拥有大量先进跨国企业国家的先行研究成果包含进来，并介绍了最新的相关理论。

　　本书的构成，跟普通的国际企业管理的著作不太一样，章节划分没有严格按照市场营销、生产管理、财务、研究开发等不同职能来划分，而是写成了一本涵盖欧洲、美国、日本商学院里教授的国际企业管理课程内容的著作。非常适合本科学生、准备读 MBA 课程以及在企业从事管理实践的人士参阅。

　　另外，对于中国企业的管理者而言，本书所介绍的跨国经营的理论也非常有效。随着经济全球化的发展，在中国市场上，中国企业跟外资跨国企业进行竞争的情况越来越多，企业管理人员更加需要用跨国经营的理论来武装自己。而且中国企业也已经开始在海外设立子公司等分支机构，中国企业如何将其附加价值链中各个环节的业务配置到海外去，如何在世界范围内进行各类业务的全球整合，还处于摸索之中。将业务拓展到海外是我国企业跨国经营的第一步，但是跨国经营要面对的问题才刚刚开始，这时，我们所需要的正是在世界范围内通用的国际化管理的理论。

目　录

第一章　国际企业管理的思路

第一节　如何理解跨国经营

今天的世界经济，各地区、国家、经济体之间的相互依存度非常高，被称为全球化经济，各种类型的企业都或多或少地与海外市场有一些业务上的往来。多数企业在原材料购买、产品的进出口、海外当地生产、海外产品开发、海外研究开发（R&D）等环节上进行了国际化拓展。跨国经营的形态也多种多样，包括组建战略联盟、签订许可证契约、并购海外企业、与海外企业成立合资公司、设立海外子公司等多种形式。

本书从上述多个角度论述跨国经营的理论和实践。在本章的一开始先将跨国经营的相关概念整理如下：

一、跨国公司（MNC）是什么

对跨国经营的主体也就是跨国公司（MNC：Multinational Corporation）的定义有很多。比如，可以将跨国公司定义为"通过直接投资，设立并支配国外分支机构和子公司，凭借雄厚的资本和先进的技术，按全球战略在世界范围内从事国际生产、销售或其他经营活动，获取垄断高额利润的国际垄断企业"。

Dunning（1993）认为"跨国公司是指通过海外直接投资（Foreign Direct Investment，FDI），在一个以上的国家拥有或者控制着附加价值活动的企业"。同时指出，区别国内企业和跨国企业的标准包括在海外拥有子公司的数量和规模、进行附加价值活动的国家数量、海外子公司持有的资产、收益的（在整个企业集团中占有的）比重、经营管理层以及董事国际化的程度、海外子公司等分支机构的经济活动具备的优势程度等。根据他的观点，跨国企业固有的特征是"组织和调整在多个国家间的多个附加价值业务"。这些业务，不单指国际贸易、通商和海外生产等，跨国公司的业务范围还包括交通、运输、观光、金融、广告、建设、批发、零售、大众媒体等各类型的服务业（Ball and McCulloch，1999）。

哈佛大学跨国公司研究项目的定义也比较有影响力。根据 Vernon 教授的定义，跨国公司是大型企业，它不只进行产品出口或者技术输出等国际经营活动，还进行海外生产，在世界范围内开设子公司等各类分支机构，使用共通的经营战略进行综合管理，拥有多个海外子公司，母公司与海外子公司共同使用共有的资金、技术、人才、信息、销售网络、商标等（Vernon，1971；吉原，1978）。

日本学者吉原基于哈佛大学跨国企业项目的定义和自己对日本企业的调查研究，将跨国公司定义为"在海外拥有子公司或者合资公司并进行国际性的经营活动的企业"。

Heenan 和 Perlmutter（1979）将跨国化的基准分成了客观标准和姿态标准。客观标准是指跨国公司拥有的海外子公司数量、对海外子公司的所有权形态、海外销售额占总销售额的比重等一些定量的指标。但是，跨国化的程度仅仅从上述几个指标并不能很好的进行测量，所以又提出了基于跨国企业的总部对海外子公司持有何种经营管理志向这一姿态标准，分成了四种类型：

1. Ethnocentric（本国志向型）

跨国企业总部主导进行各个层面主要的决策，不允许海外子公司发挥重要的作用。海外子公司仅负责执行总部的指示，没有大的自由裁量权。总部的业务处理方式、管理标准也移植到海外并进行适用，海外子公司重要的管理职位一般都由总部派出的拥有母国国籍的派驻人员占据，总体上是执行母国中心主义的管理方式，称为本国志向型。

2. Polycentric（当地志向型）

当地志向型跨国企业在海外当地的管理均交给当地本土雇用的员工负责，操作层面的决策权交给当地子公司。海外子公司的主要职位由当地国籍的员工担任，维持当地独立性。但是，财务、研究开发等重要职能的决策依然由总部主导。

3. Regiocentric（地域志向型）

这是处于全球规模经营与本土化经营的一种中间形态，被称为地域志向型。这类企业经过一段时间的国际化发展之后，发现根据自身所面临的外部环境进行战略规划，并具体配置各个价值链的各个环节时，如果把几个相邻的国家或地区以地域为单位进行考量，比以某个国家为单位进行考量更有效率，所以倾向于以地域为单位进行企业海外生产基地的布局、进行人才的招聘、进行战略决策等。企业会在一定的发展阶段，在全球设立几个地域总部，并授权给地域总部进行区域单位的管理。

4. Geocentric（世界志向型）

该模式下，各海外分支机构相互依赖，总部与海外子公司之间是一种协调关系。使用更加普遍和本土化的经营管理标准对各分支机构进行管理，各分支机构管理人员的任命也不优待来自总部的员工，而是从世界范围内选用最好的人才，从这个意义上说，选择这种模式的企业是真正意义上的跨国企业。

大多数跨国企业的发展路径，基本上遵循从本国志向型（E）向当地志向型（P），之后随着地域统合的需要，向地域志向型（R），最后向世界志向型（G）方向发展，跨国企业这样的发展阶段被称为 E－P－R－G 路径。但是，并不是所有的跨国企业都会遵循这一基本的发展路径。现实中可能会经历各种类型的路径，该理论所提示的四个类型是表示跨国化程度的一个标准，到现在还被频繁的引用。图 1－1 是 E－P－R－G 路径。

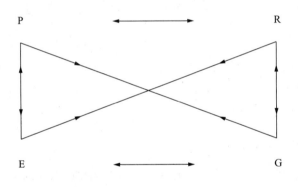

图 1－1 E－P－R－G 路径

资料来源：Heenan and Perlmutter（1979）。

本书在参照上述各种先行研究定义的基础上，将跨国公司定义为"海外拥有多个分支机构，进行国际化的附加价值活动的企业"。本书这种定义的特点在于侧重强调跨国企业即使在海外拥有子公司，如果其主要的附加价值活动还是全部在总部或者母国内的分支机构进行的话，并不足以认定该企业为跨国公司。

二、国际化是什么

国际化经营这个词语越来越被广泛使用，也拥有多个意思，从广义上来说，意思是在世界市场中拥有一定影响力、地位和市场份额，在全球范围内进行各项运营业务的管理，包含了产品的进出口业务、投资于海外的生产活动、对员工进行的指导、投资于海外的服务（如广告宣传、旅行等）、知识产权的国际管理等广泛的概念（Taggart and McDermott，1993）。有时候，跨越多个国境的所有的商业活动也被统称为国际化经营（Wild，Wild and Han，2001）。

一般来说，国际化（Internationalization）是指将企业活动的范围从国内向海外进行扩大，而全球化（Globalization）是指世界规模的经济和经营活动相互依存程度不断深化的状态。

从更加狭义的视点来看，国际化管理将世界市场看作一个统一的市场，将价值链活动的各个环节集中在一个地方进行，享受经济效率和规模经济性（Porter，1986；Bartlett and Ghoshal，1989）。也有"将几个职能进行世界规模的标准化，并将世界范围内的业务进行统合的管理"（Ball and McCulloch，1999）等关于国际化管理的定义存在。

另外，全球化这一说法跟各国市场和经济统合的过程相关。比如，提到跨国商品的时候，指全世界市场通用的产品（Wild，Wild and Han，2001）。也就是说，这些共通的看法，都是从战略角度将世界市场和竞争环境看作是单一的。

本书将跨国和国际化以及全球化等词语的广义和狭义两方面的意思都包含在内进行使用。一般来说，跨国经营作为广义的一般用词，是指跨国企业在世界范围内开展各项经营活动。而跨国战略更多的是从狭义上，将世界看作单一市场，希望在全球范围内获得竞争优势。

三、跨国经营的新内涵

现在所指的国际化管理或者跨国经营，如果继续用以前的"在海外进行生产活动"这样的定义已经不再准确，因为包含服务业在内的各个产业中，更多知识密集型的企业职能也都超越了国境，一部分转移或复制到了海外，帮助企业进行全球化的竞争。而且，跨国经营这一说法在今天已经不单指过去商业活动的国际拓展，其定义里也包含了国际化的程度这一内涵。比如，在以前也曾经有观点认为如果某个企业在海外多个国家或地区设立了子公司或者有派驻人员被派遣到海外的话，就说明该企业已经国际化了。但是，到今天为止，虽然在海外广泛设立了多个分支机构，但是有很多所谓的跨国企业附加价值高的职能仍然基本固守在母国或者总部，从没有真正向海外转移过。

如果按照以前的做法，跨国企业的竞争优势源泉在总部或者母国集中，以这种模式进行国际经营仍然能够保持竞争优势的话，也是可以继续维持的。但是，目前世界范围内出现的现实问题是跨国企业仅仅依靠其总部或者母国的优势和资源，就想在世界范围内战胜其他业务已经高度全球化的竞争对手变得越来越困难。

因为，即便在总部或者母国拥有再强的竞争优势或者核心资源，在今天这样技术高度国际标准化以及产品生命周期不断缩短的背景下，国家之间技术或产品优劣的差距正在不断缩小，多个发展中国家进行技术赶超的势头也很迅猛，某些产品或者技术创新的集聚地从发达国家转移到这些国家的情况，或者新技术直接产生于这些新兴地区的情况也极有可能或者正在发生，比如，中国的深圳和印度的班加罗尔依托本国强大的市场潜力，已经成为目前世界上著名的创新技术和高科技人才以及创业者的集聚地①。

在这样的时代背景下，需要的是一种不单纯依靠总部或者母国的技术优势，而是谦虚的学习其他国家长处的一种态度。但是，越是在总部或者母国拥有很强竞争力基础的跨国企业越不容易持有这种谦虚学习的态度（Shaver and Flyer，2000）。也就是存在所谓"（因为）本国优势（反而不再愿意学习外部的）缺陷"。

最不好的状况是跨国企业总部或者母国的技术资源优势明显在减弱，却因为存在骄傲心理，无视这样的现实，而且因为"本国优势缺陷"丢失了向海外国家学习的态度。这样的状况下总部或者母国、海外的优势都得不到发挥。

假如总部或者母国具备竞争优势，那么考虑如何继续维持这种优势，而且努力地从海外学习并吸收更加优秀知识的一种积极的姿态是非常重要的。或者说本国并没有竞争优势的话，这种状况下持有一种想着如何克服本国弱点，并谦虚的从海外吸收更多知识的姿态是非常重要的。这样的努力决定着企业在新时代背景下跨国经营的成功和失败。

根据以上的分析，本书认为跨国经营成功的一个重要理由是企业具有"在世界范围内合理配置并高效的实施各项高附加值的活动，从而动态地构建竞争优势的能力"。

四、跨国经营的属性

跨国经营的属性是什么？有人认为跨国经营与在本国经营没有本质上的区别，差别仅仅在于国际化的程度不同，也有人认为跨国经营与本土经营有着本质上的区别。

企业面对着各种层面的外部环境，也可以将跨国认为只是其中的一个层面，

---

① 多个高科技公司在班加罗尔的成功建立使其成为印度信息科技的中心，被誉为"亚洲的硅谷"。班加罗尔是印度科技研究的枢纽。深圳正成长为中国乃至全球创新、创业的集聚地。作为中国首批经济特区，政府给予了深圳极为宽松的政策环境，深圳大多数的创新活动都是由市场拉动、由企业实施的。深圳也通过众多创新型企业之间的产业集群效应来推动整个城市的产业升级。多个小公司在深圳成长为行业的巨人，并作为跨国企业参与国际竞争。

比如多元化的企业在很多个不同的产业领域内进行经营活动，也就是拥有多个事业部。而任何企业基本上都拥有人力资源、生产、营销、财务、研究开发等多个职能部门。那么，跨国的环境对于面对各种多样而且复杂环境的复杂组织（Complex Organization）来说，与多事业部（Multi-business）环境或者多职能部（Multi-functional）环境并没有太大差别。

此外，也存在将跨国经营仅仅看作是企业各项职能活动的一个国际侧面的看法。也就是说，不管是企业的营销职能，还是财务管理职能，还是人力资源管理职能，跨国经营本质上都是这些企业必须具备的各项职能的国际化拓展，跨国经营是这些进行了跨国拓展的各项企业职能的一个总称。

那么，不同文化间的跨文化管理是跨国经营的固有属性吗？跨文化管理当然是跨国经营很大的一个特征，但是还不能被视为跨国经营的固有属性。因为文化的概念本身是有很多含义的。国家文化以外也有很多层面的文化存在，同一个国家内部也存在着各种副文化。也有一个国家内部多个副文化之间的差别比国家间文化差异更加显著的情况。像加拿大、比利时和瑞士，一个国家内部使用多种语言就是最典型的例子。而且无论什么企业都有它固有的企业文化，即使是同一个国家的不同企业组建战略联盟，也会产生企业文化之间的摩擦，有过很多难以有效整合的例子。

远距离管理也是跨国经营很大的一个特征。但这不是跨国经营的固有属性。因为通常认为海外比国内远，实际上去一些海外城市比去本国国内较远的城市更近的情况也有很多，特别是美国那样的大国，虽说是国内，但是东海岸和西海岸之间的距离很远。而且如今信息技术的发展使得企业经营中物理距离的重要性正在减弱。

其实，跨国经营与国内经营有本质上不同的属性，那就是跨国经营是一种在政治、法律、货币这些层面上超越了国家壁垒的经营管理活动。

作为跨国经营所特有的特征，Hill（2001）列举了以下四点：第一，跨国经营是在不同的多个国家开展商业活动。第二，置身国际商务环境中的企业管理者所面对问题的范围或者问题本身更加的复杂。第三，国际商务中的企业管理者在进行国际贸易或者投资时，或多或少都是在多个外国政府的介入下实施的。第四，进行国际商务活动时，存在不同国家不同货币之间动态价格的汇率兑换。

对于企业国际化的潮流，也存在着一些将国际化与无国境化（没有国境的全球化）看作是同义词的看法。另外，国家间各项经济、社会、文化交流的深化，人们之间不仅有深度融合的一面，同时也凸显出人们之间的割裂①（伊丹，1998）。由于企业的国际化，人们反而越来越意识到国家间存在非常显著的长期且深层次的在制度、货币、文化、风俗习惯、思想、社会组织、商业习惯等方面的不同，所以世界上才存在国家之间物理上的边境（伊藤，1998）。

更进一步来说，跨国经营又超越了仅是企业各职能部门的国际版这一属性，比如，从各种职能角度来看，国际化当然是在不断推进的，但是部门之间国际化推进的程度却各不相同。一般来说，财务和研究开发职能部门最倾向于在本国集中以发挥规模效应；人力资源管理职能最倾向于在海外当地本土化，这样才能带来足够多的激励；而生产和营销职能处于中间状态（Goehle，1980；Hedlund，1981；Welge，1981；Bartlett and Ghoshal，1989）。

现实中，跨国企业的这几项职能往往分别且分阶段地进行国际化，其国际化程度也就各不相同，所以作为一家跨国公司整体进行管理非常困难。也就是说，企业国际化管理的一大功能就是从更加综合的视点将企业各项职能的国际化运营进行高效的管理。

第二节　企业业务国际拓展理论

本节对企业业务的国际拓展阶段及其理论进行总结。

一、国际化发展阶段

每个企业的国际业务的开展会经历不一样的路径，对企业国际化进程进行理论上的一般化是不太可能的。但是很多情况下，企业都会经历下面这样的一种发展阶段，即当初仅在国内进行经营生产活动的企业通过出口自身的产品踏出国际化的第一步，随后进行产品、生产技术和知识的海外转移，之后更进一步向海外进行资本的转移。

最终，企业会在海外的一些国家或者地区设立子公司或者合资公司。这时不

---

① 日本学者伊丹提出人们因为被卷入（跨国企业）这一组织而（导致立场）"割裂"这一理论，因为人类有立场的多面性，比如要劳动，要消费，要生活。那么作为劳动的人，比如在法国企业工作的中国人、在日本企业工作的中国人，在面对国内发生反法、反日运动时，其立场是在外资企业工作的中国人。作为消费的人，比如美国曾经有 buy American 运动，即美国人只购买美国产品运动。可是作为消费者，大家其实只想买质量好的产品，不管哪里生产制造的。作为在共同体中生活的人，比如 20 世纪 80 年代在派驻到丰田汽车美国工厂工作的日本人曾经在美国面临巨大的压力，因为美国人认为日本企业来到美国抢了美国人的就业机会。

只是企业总部的出口业务部门对于海外事业的控制，子公司当地的管理也加入到整体经营中来。当地的海外子公司，逐渐从出口销售型向生产型子公司进行业务转型。

为了统合多个海外子公司的活动，而在母国的企业总部里设置国际事业部进行总体管理。

当企业在海外的销售额超越在母国的销售额时，不再区分国内业务和海外业务，需要变身为跨国企业型经营管理。在这个阶段，企业价值链的各个环节，比如原材料或者零部件的调配、产品制造、产品销售，甚至研究开发等，各项职能活动都会被配置到全球最适合的地区，进行企业内部的国际分工（小林，1968）。

二、海外直接投资的理论

一般认为，企业依靠自身所特有的技术研发、经营管理以及组织能力等看不见的资产（Intangible Assets）所派生的企业固有优势（Caves，1971），为了创造更大的经济效益，而向海外进行生产设备投资等的海外扩张。

但是，进行跨国经营的企业跟当地的本土企业相比，在语言沟通上，以及了解当地经济、商业习惯、法律限制、确保流通渠道等方面都是不利的。对此，Hymer（1960）提出，进行海外直接投资企业的前提是，必须具备超越上述不利因素的竞争优势，才能克服上述在海外所面临的复杂性等困难，并在此基础上继续获得利润。

跨国企业竞争优势的源泉是企业所拥有的优秀信用、产品开发能力、生产能力、市场营销能力等。而如果海外市场存在进入壁垒等，是一种不完全竞争市场的话，那么，跨国企业采取合资、战略联盟等方式才有可能获得较大的利益。

拥有竞争优势是能够进行海外直接投资的前提条件。

三、Vernon 国际产品周期理论

如果说前往海外进行经营活动，意味着复杂性，意味着在经济、文化、法律等各方面都处于竞争的不利地位。那么，企业为什么还要进行国际化经营呢？产品周期理论认为，随着产品周期的变化，企业也不断地进行国际化经营的转移。Vernon 将第二次世界大战之后美国的跨国企业进行海外扩张的过程，用这个理论进行了说明，如图 1-2 所示。

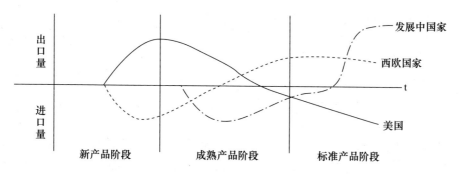

图 1 - 2　国际产品周期理论

资料来源：根据 Vernon 理论制作。

最初，美国企业活用本国创新型的经营资源，在本国进行新产品的开发，生产后在美国本土进行销售，享受先行者利润。

之后，随着美国国内市场需求的扩大，为了获取规模经济带来的利润，进行产品的大量生产。最终，当美国国内市场饱和，生产量超过需求量时，西欧等其他发达国家也有类似的需求，所以美国企业开始向西欧等国家出口产品。随着出口市场的扩大和竞争的激化，以及当地政府实施进口限制，美国企业为了获得更低的生产成本，将生产基地转移到出口市场当地。美国的领导型企业这样做之后，其他的企业也纷纷效仿追随，将其生产基地转移至海外（Knickerbocker，1973）。

再后来，其他发达国家的产量超过消费需求，开始反过来向美国出口产品。最后，产品不断标准化，开始利用发展中国家的低成本优势，产品生产大量转向发展中国家，发展中国家最终成为出口国。这时美国从出口国变成进口国。

产品周期理论反映了 20 世纪 60 年代美国的跨国公司的情况。不过，产品周期理论之后被认为存在不足。首先，之后欧洲和日本也出现了大量的跨国公司，不能再认为美国是唯一的新产品创新基地。其次，之后多个产业呈现出产品周期不断缩短的趋势，有时不再按照美国→西欧等其他发达国家→发展中国家这样的顺序进行生产基地的转移，而是会直接跳过某些阶段，比如现在的智能手机产业等迅速在全球同步产生需求。

四、所有权、区位、内部化的优势：Dunning 的 OLI 理论

Dunning 的 OLI 理论是用于说明以海外生产为代表的海外直接投资理论的一个综合性分析框架，这个理论框架可以回答一系列跨国经营决策的问题，即企业去海外进行跨国经营。为了跟当地企业竞争，第一，看企业是否拥有充足的有形或无形资产所带来的所有权竞争优势（Ownership Advantages）。第二，如果拥有

这种所有权优势的话，不选择向海外企业出售这种优势，而是自己内部利用这些优势，是否会强化自身竞争优势（Internalization Advantages）。第三，去哪个国家或者地区进行跨国经营最有优势（Location Advantages）。

首先，Dunning认为企业拥有可持续的所有权竞争优势（O）是前提，企业只有具备所有权优势才可能改变在海外市场竞争的不利局面（前面所讲的在国外产生的由于语言、文化、法律、商业习惯等带来的困难）。所有权优势指的就是能够不断创造出与当地企业竞争所必须的有形或无形资产。所有权优势具体表现为：企业规模、跨国经营的经验、创新产品的开发能力、优秀产品或者技术等领域的优势或能力。

其次，比起将技术等卖给海外当地的企业，如果将上述竞争优势通过自身在海外进行有效利用，利用更加有利的话，企业就存在内部化优势（I）。也就是说，内部化优势是指跟市场交易相比，企业组织内部进行交易的成本更低效率更高。零部件等中间产品、知识等进行市场外部交易成本更高的话，企业选择进行内部化生产会更有优势。最后，内部化的好处还体现在，可以根据海外当地市场的实际情况，进行更加柔性的生产据点的转移、企业内转移价格的设定等组织内部调整。

那么，在地球上哪个地方活用企业具备的优势，进行各项附加价值活动的布局是最合适的？区位优势（L）就是说明了要进行跨国经营的海外当地市场拥有多少企业所必须的资源，而且是可以获取的。这些海外市场的区位优势，表现为原材料或者天然资源、低成本高技能的劳动力、需求大有魅力的市场、安定的政治环境、对外国企业有利的政策法规等。

比如，企业为什么会去某些特定的国家或地区进行当地生产，而不是从本国出口，Dunning（1993）认为有以下几点理由：

- 海外当地拥有创新能力
- 海外当地市场相对比较大
- 当地市场的进入壁垒（关税壁垒、非关税壁垒）较大
- 与母国的文化或心理差距不大
- 海外当地的工资水平不高
- 从母国出口到海外当地的运输成本过高

也就是说，区位优势是海外当地所具备的优势，为了接近并获取这种优势，企业只有前往这个地方进行投资经营活动。

Dunning将企业拥有的所有权优势看作成进行海外直接投资的必要条件，认

为如果企业没有所有权优势则不能克服因去往海外而遭遇的种种不利，这种考虑跟 Hymer 的垄断优势理论是共通的。但是，仅具备所有权优势并不能判断是否就能够进行海外直接投资，焦点还在于相比将这种优势通过特许经营等形式卖给海外企业，自己公司去海外进行直接投资，充分利用该优势会更有好处（即内部化优势）。以及不再停留在母国，而是前往特定的海外国家或地区更有好处（即区位优势）。

只有上述所有条件（所有权优势、区位优势、内部化优势）都具备时，海外直接投资才会发生，而海外当地的区位优势不明显时，企业会选择在母国利用其优势，生产出产品再向海外出口。如果自己企业内部利用这种优势的好处不明显，企业会选择向国外企业通过技术转让或专利许可的方式提供给海外市场的企业，而不自己直接去海外投资。

五、相关研究进展

Dunning 的 OLI 理论认为企业进行海外直接投资的前提是具备所有权优势（O）。但是，之后有的研究者提出进行海外直接投资并不一定具备所有权优势，并将研究焦点放到不具备所有权优势（O）的企业如何进行海外直接投资这一点上。

比如，企业进行海外直接投资，通过在海外直接积累的经验，以获取海外当地所特有的知识和能力，这被称为"渐进型的国际化"（Johanson and Mattson，1987）。

Almeida（1996）也指出最近韩国等企业在一些技术较弱的行业集中进行直接投资。同样 Shan 和 Song（1997）也认为在生物技术产业中，存在着外国企业通过投资于特许经营活动频繁的美国生物企业，以便于从美国企业那里吸收特殊技术的例子。

这些类型的企业共同点是前往世界上某种技术领域最先进的创新地，通过在那里设立海外分支机构，努力吸收当地的知识或技术（Cantwell，1989；Frost，2001）。

这种不将总部或者母国优势或所有权优势作为前提，而是依靠海外分支机构来构建竞争优势的想法，是与将在后面介绍的不仅依靠母国，而且通过全面利用世界各地的资源，构建起全球规模竞争优势的各类国际化新理论相一致的。

第二章　国际企业管理战略理论

第一节　跨国企业面临的多样化国际环境和战略

跨国公司面临着非常多样化的环境，因为要跨越多个国家的不同文化、习惯、制度等。多数企业拥有多个事业部，各事业部面临着特有的产业环境，处于不同的产业发展阶段。可以说，跨国公司是面临着最为复杂环境的一种企业组织。进一步说，现在的外部环境每天都发生着巨大的变化。所以，要求跨国公司要机敏的适应上述种种外部环境的变化。

一、多样化的外部环境

进行全球规模经营管理最大的问题是面临的复杂性。在全球范围内进行商业活动时，面临的是世界各国固有的环境，在任何时候都面对多样化的外部环境是跨国公司的宿命，当然有时也是跨国公司的优势。跨国企业需要根据各国或各地区不同的顾客需求、竞争环境、社会文化状况、法律制度等因素进行非常细致的应对。

当然，由于所处产业不同，企业面临外部环境多样性的程度也会不一样。有些产业比如家电和汽车，只要开发制造出优秀的产品，一般来说会被全世界的消费者普遍接受。只要用较低的价格提供高质量的产品，在哪个国家都会销量很好。但是有些产业，比如食品和一些嗜好品产业，会受到各国特有的食品文化、生活习惯等较强的影响，在某一个国家销量非常好的产品并不代表能在其他国家销售的好。

所以跨国公司的战略是，不仅适应外部环境的单个方面，而且是不断的对某个国家的文化、社会、法律等社会基本面和产业、职能等商业基本面的因素进行柔性的适应。

二、环境和战略

对于企业管理来说，其选择的战略与其面临的外部环境有密切的关系，这种关系又有很多种，根据环境适应理论（Contingency Theory），战略和组织形式与外部环境相适应匹配时，企业的绩效会更高。

但是，适应的方式有多种，比如一旦外部环境发生变化就立刻改变自身战略和组织的被动式适应；反之，也存在对外部环境进行干预和管控，使之变得对自身更加有利的主动式适应。有时候，企业处于不适应环境的状态反而促使其酝酿出崭新的技术或产品，组织变革的可能性也更大。下面对企业与外部环境适应的类型进行梳理。

Miles 和 Snow（1978）提出企业对外部环境进行适应的类型有四种：第一种，分析型（Analyzer）。对市场变化非常敏感，行动慎重。第二种，防守型（Defender）。因为拥有较强的位置优势，企业对于外部的变化不太敏感，而是以自己的逻辑继续进行商业活动。第三种，攻击型（Prospector）。对环境变化有敏感的察觉，并率先行动的类型。第四种，受动型（Reactor）。企业在什么状况下也不拥有特别想要坚持的一种战略。

跨国公司可能是快速对市场外部变化进行感知，并比竞争对手更早行动的攻击型企业，也可能是察觉到了环境的变化，但是选择慎重采取行动的分析型，也有可能是对现状有很大把握，对环境变化不进行过度反应的防守型。那么，是什么因素导致了这样不同的行动？

一个原因是与跨国公司在母国所拥有的相对实力大小有关。也就是说，在母国拥有非常大的市场份额、极高的营业收入和利润的情况下，该企业对跨国经营环境的变化会不敏感。反之，在母国并非产业中的领导型企业而是仅仅处于追随者位置的企业，则会对外部环境变化进行敏感的感知并采取行动，希望可以将变化转换为机会，比如本田汽车在日本国内市场份额远远低于领导企业丰田汽车，所以本田汽车在海外率先行动，比丰田汽车更早的在美国和中国进行了对外直接投资，设立海外工厂，进行了海外生产。

此类企业大多数被归为分析型，会有一部分变成攻击型，追求高风险高收益。一般来说，采取攻击型战略的企业，往往公司规模以及利润规模都不大，希望通过变化来获取更高的收益。

但是，对跨国公司管理的难处就在于，仅根据母国的状况进行战略选择是很难的。有些因素与母国的优势不太相关，这时海外子公司需要根据其在当地所处产业位置的高低，进行战略的变更。

在海外当地有高收益的话，一般不会放弃防守型的战略。当地市场环境发生剧烈变化时，从防守型可能会变身为分析型，但一般不会变为攻击型。

另一个原因是在海外当地的产业中处于很低的位置时，不管该企业在母国拥有多强的力量，海外子公司往往会有很强的危机感，可能会变身为分析型，甚至采取攻击型战略。

三、影响外部环境战略

跨国公司并不仅仅单纯被动的适应各国环境。根据所处的不同环境，有时会对当地环境适应，有时还会试图去改变所处的环境。跨国公司因为接触了很多个不同国家的环境，所以有时会试图在其中一个国家复制在另一个国家成功过的经营战略，如果出现不符的地方，会对其中的一部分内容进行修正，以更好的适应这个国家。

一般来说，跨国企业需要更多的在发达国家市场进行当地适应，在欠发达国家导入现有产品进行市场的发掘与创造，以开发和培育潜在消费者。另外，如果先进国家市场处于成熟期，那么有时也导入在另外的国家所进行的技术或者产品创新，从而在发达国家获得利润。

此外，根据这个国家或地区的市场在本企业发展战略中的重要程度，对该国家或地区的市场进行当地适应的程度也不一样。这个国家或地区的市场如果对跨国企业具有生死攸关的重要地位的话，企业宁愿牺牲其全球统合的一贯性，也会更多的在这个国家进行当地适应。但是，跨国公司判断该国市场并不那么重要时，则不会牺牲作为跨国企业全球统合的一贯性，不会进行过度的当地适应，有时甚至选择从当地市场退出。

四、环境、战略、组织、经营资源的动态配合

至此，对跨国经营中环境与战略的理想状态进行了梳理。用一句话可总结为，跨国公司随时都在面临着多样化且多变的外部环境。根据自身情况，有时选择适应当地环境的本土化战略，有时则不迎合当地的特殊性，而是在这个国家的市场选择企业自身固有的战略。跨国公司根据各个国家的外部环境，或者适应这种外部环境，或者试图改变这种外部环境。

Nohrria 和 Ghoshal（1997）将这种跨国公司的特征称为差别化网络（Differentiated Network），认为跨国企业的各个海外子公司会根据自身所处的外部环境，进行不同的应对方式。

另外，跨国经营的战略和组织应有的匹配状态也很重要。因为组织是环境与战略进行动态相互作用的动力之源。全球战略、多国战略分别有相适应的组织形

式。如果将世界作为单一市场进行管理的全球战略企业，其各个子公司各自单独行动会没有效率。反之，如果实施多国战略的企业，却仍旧采取总部主导而不放权给海外子公司的话，也不会带来好的绩效。

利用母国的优势、总部的经营资源进行全球化经营战略时，采取中央集权的组织结构效果更好。因为主要的核心资源都集中在总部和母国，将其向海外进行转移即可。反之，母国和总部并不具备竞争优势，不得不依靠从海外调用资源，总部不应该过于强势，应多下放权限给海外的子公司。

不过，就算是为了实施多国战略，单纯向海外子公司进行权限下放也不意味着就高枕无忧了，因为即使很好的适应了当地的独特需求，如果不能确保跨国企业的整体性和效率，也不会有好的绩效。

被授权自立的海外子公司应该非常强大，且使海外的各个子公司的战略有机统一。也就是跨国企业需要同时做到"分化"和"统合"这两点。

第二节　跨国经营战略的三种认知视角

本节对看待跨国经营战略的几个分析框架进行介绍。首先进行一个概述，跨国经营的战略论是经营战略的一个应用或者说一个侧面，对跨国管理的讨论，也就是经营战略论的国际版。

本书将经营战略论分为三个大的学派进行整理：第一，是关注战略本质的战略内容（Content）学派。第二，是关注制定战略和实施过程的战略流程（Process）学派。第三，是将企业固有的经营资源（Resource）作为竞争优势来源的（Resource Based View）学派。

战略内容学派主要关注应当采取什么样的战略？吸收了产业组织理论的内容。聚焦企业在所处产业中的位置和企业绩效的波特战略论是该学派的典型。

战略流程学派则认为，想制定好的战略并实施，最重要的是管理流程，着眼于各层级人员的作用、组织能力、经营的质量上，代表性的研究者是 Ghoshal、Prahalad、Doz 等。

20 世纪 80 年代以后，影响力迅速提升的是竞争优势来源的（Resource Based View）学派，认为企业的竞争优势源泉是企业特殊的资源、能力，Wernerfelt（1984）、Barney（1991；2001）、Rumelt（1991）是该学派代表性的研究成果。

跨国经营战略论仅仅是经营战略论的国际版，所以也与经营战略论呈现出类似的趋势。

第三节　战略内容视角下的跨国经营战略论

一、全球产业与多国产业

企业面向世界进行战略的构建时，根据所属产业的特征，采取的战略是不一样的（Porter，1986）。在此，对全球产业和多国产业这两种产业进行比较。

全球产业是指企业竞争的范围扩大到全世界，企业需要不断的考虑整个世界市场来制定竞争战略的产业。主要的竞争对手也是世界级企业，在世界这一共通市场上进行市场份额的争夺。

在这样的全球产业中，顾客、市场、竞争对手都是世界规模的，需要进行全球规模的应对。因为可以将世界看作是一个单一市场，可以向全世界投放标准化的产品，偶尔需要进行一些当地适应，但是不会以牺牲全球统合的效率为代价，也就是说，通过将企业附加价值链（Value Chain）的各环节分别配置到世界上最合适的某一个地方来追求规模的经济性。

多国产业是指各国的竞争环境都不一样，需要在各个国家分别制定市场竞争战略的产业，不能向多个不同的国家市场导入标准化的产品。不管在某一个国家取得了多大的竞争优势，在另一个国家投入同样的产品时并不能保证也会成功，因为各国市场上的竞争对手、消费者、供应商、卖家、关联产业、政府等都不同，所以不得不在各个国家分别构建企业的竞争优势。企业附加价值链（Value Chain）的各个环节需要分别配置到这个国家。

二、全球战略与多国战略

不同的产业特征，对于企业国际化战略的构建会产生影响。看上去同样都是进行国际经营的跨国企业的战略逻辑是不同的。有的企业在努力考虑如何成为受全球消费者认可的企业，有的企业目标则是在特定的几个国家或地区取得事业上的成功，努力提供符合各个国家需求的产品来提高营业收入。

这两者都极其重视海外市场，前者的目标是在世界市场上取得成功，后者则将在多个国家市场分别成功作为其主要目标，在这一点上，两者是有很大区别的。前者称为全球战略，后者称为多国战略。

两种战略的主要特征如表 2-1 所示。

表 2 - 1　全球战略与多国战略

全球战略	多国战略
世界是单一市场	各国是独立的市场
在全球确立竞争优势	在各国确立竞争优势
附加价值链的各部分分别布局在最有利的区域（在某国集中）	附加价值链的各部分在各国分别布局
面向全球消费者，产品标准化	反映各国市场需要的当地适应战略
本部主导来控制海外子公司	向海外当地子公司下放权限

资料来源：根据相关理论整理。

全球战略将世界看作单一市场，首要目标不是在各个国家，而是在全球范围内确立其竞争优势，不是与各地的本土企业竞争，而是与世界级的竞争对手进行市场争夺，所以需要将最有利的附加价值链的各个职能分别布局于最适合配置该价值链环节的国家，享受区位优势和规模的经济性。比如，苹果公司的设计部门集中于美国，生产部门则集中外包给中国，潜在顾客是世界范围的，所以不会在多个市场进行过度的适应，而是面向全球市场提供标准化的产品。运营是中央集权的，总部是对各个海外子公司进行有效控制的。

多国战略将各个国家或地区看作是独立的市场，在多个国家的市场上分别确立其竞争优势是其目标所在。各国市场的竞争环境也各不相同，附加价值链的各个环节都分别配置到这一国家。全球标准产品的竞争力不强，而是进行适应当地的产品开发、生产与营销。为了有效地执行这样的本土化战略，总部对海外子公司的强力控制并不能发挥好的效果，而是倾向于向当地海外子公司放权，让海外子公司进行更快速和准确的决策。比如，联合利华公司在不同国家，如中国和印度的产品线有很大的不同，以分别应对中国和印度市场的不同需求。

一般来说，企业选择与产业特征相匹配的战略，比如 Nohria 和 Ghoshal（1993）经实证研究指出，选择与产业特征（全球产业或是多国产业）匹配的组织战略（全球战略或是多国战略）时，企业能取得更高的绩效。

也就是说，在全球市场和竞争环境区别不大的产业里，应当选用全球战略，而市场和竞争环境各国都不同的产业中，采取分别适应当地的多国战略更加有效。然后企业要建立相对应的组织构造形式（即采取总部集权式组织架构或是向海外子公司放权的分权式组织架构）。

三、企业职能的配置与调整

Porter（1986）除了对产业特征的分析，还对全球规模的竞争战略从附加价值链各个环节的配置（Configuration）和调整（Coordination）的角度进行了分析。

配置是将企业价值链的各个环节的活动配置到世界的什么地方，以及这些地点个数等问题的分析。调整是指对分布于世界各地同种类的环节活动，如何进行相互调整会更有效率的分析。这里所指的价值链是为了分析企业竞争优势来源所进行的企业各职能活动分解（见图2－1）。

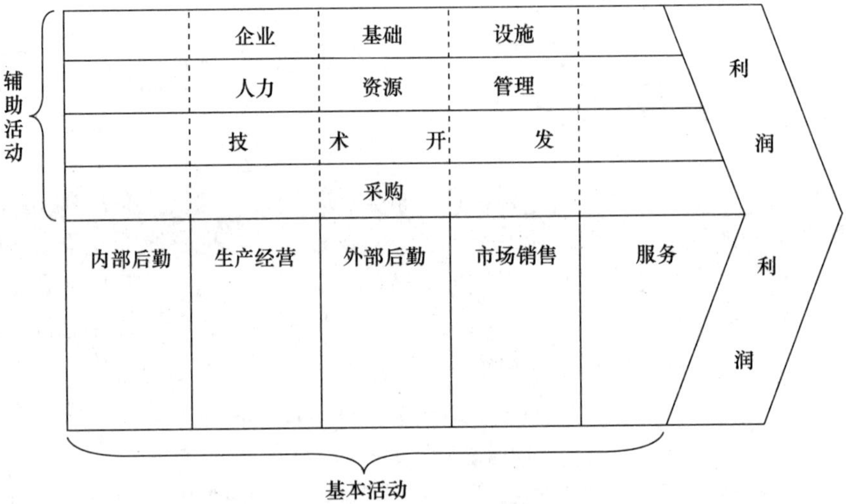

	企业	基础	设施		利
辅助活动	人力	资源	管理		润
	技	术 开	发		
		采购			
内部后勤	生产经营	外部后勤	市场销售	服务	利 润

基本活动

图 2－1　企业活动价值链

资料来源：Porter（1986）。

Porter（1986）将国际化战略定义为集中配置或者调整各个分散的活动，又或者是同时通过这两者来确保企业竞争优势的战略。集中配置的好处是可以发挥规模经济性，带来学习曲线效果，容易进行调整等。分散的好处是容易对比较优势的变化进行调整、可以强化品牌、容易获得政府的信赖、能够快速应对竞争对手的行动等。

根据配置（集中还是分散）和调整（高还是低）的程度，Porter 将国际经营战略进行了分类，如图2－2所示。

右上的"单纯的跨国战略"将各环节的活动配置在一个国家（多数是母国），而且对各个活动的调整程度也很高。

右下的"营销活动分权的出口中心战略"总体上是将价值链的配置进行集中，但是对营销部门进行分权化管理，调整程度较低。

左下的"跨国或者本土企业以某国为中心的战略"是将价值链分散配置，也不对各环节的活动进行调整，是典型的多国战略。

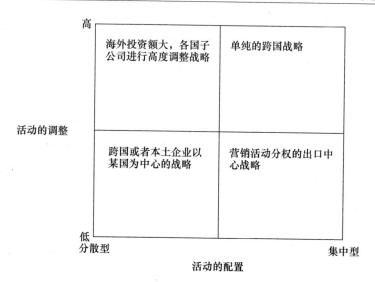

图2-2 配置与调整

资料来源：Porter（1986）。

左上的"海外投资额大，各国子公司进行高度调整战略"是将价值链分散到世界各国，而且对各国活动进行较多的调整。

四、全球产业的四种战略

Porter（1986）还根据企业竞争的产业目标细分市场范围（大还是小）和战略地理范围（全球战略还是各国战略）作为标准，将战略分为四种（见图2-3）：

"全球成本领先或全球差别化"战略，通过在全球范围且多个细分市场开展经营活动，在全球规模进行配置与调整，来追求低成本优势或者差别化优势。

前者是引入标准化的产品来获取规模经济性和竞争优势的战略，比如丰田汽车等。后者则活用规模和熟练度进行差别化战略，从而降低成本，提升产品差别化和品牌化，从而确保其地位，比如IBM。

"全球细分"战略，是向世界特定的目标市场提供产品的战略。这种战略仅在某些小的细分市场进行经营活动，所以不会浪费经营资源，规模不是特别大的跨国企业或者本土企业也可以采用这种战略。

"被保护市场"战略，是面向某些市场被保护起来的国家所采取的战略。因为这样的国家实施高关税、进口配额限制、本土化率等政策，所以只能早期前往该国进行本土化的海外直接投资，才能规避该国对进口的限制，比如印度、阿根廷、墨西哥等国家。

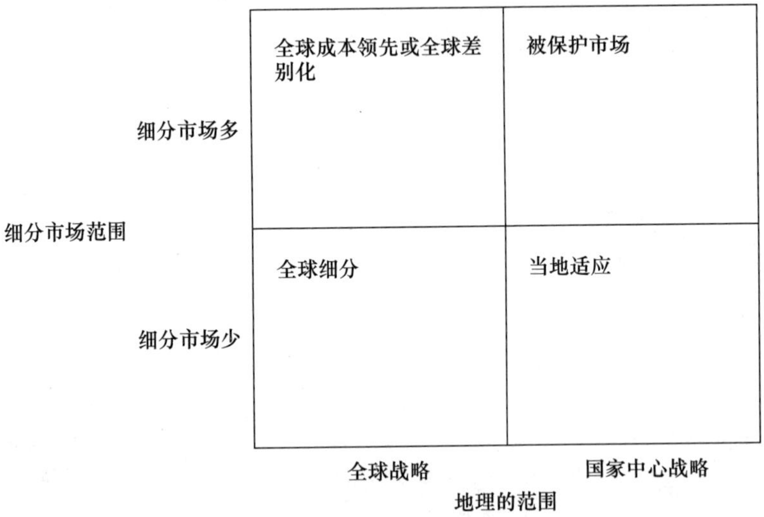

全球成本领先或全球差别化	被保护市场
全球细分	当地适应

细分市场多

细分市场范围

细分市场少

全球战略　　　　　　国家中心战略

地理的范围

图 2 - 3　全球产业的四种战略

资料来源：Porter（1986）。

"当地适应"战略，对于产业本身是国际化，但某些当地市场有其独特的情况是有效的，在这样的情况下，应该满足当地特殊的产品销售渠道、特殊的营销习惯。与上面"被保护市场"战略类似，全球范围的配置与调整被经济性阻碍时，这种"当地适应"战略会被采用。另外，被该国政府进行政治性妨碍时，则选择上面的"被保护市场"战略（Porter，1986）。

五、作为全球平台的国家

上面总结了多种国际战略的类型，但是，某个国家层面的因素成为企业竞争战略的主要考虑因素的情况并不太多，比如说针对被保护封闭市场的战略和当地适应战略等，确实是对于特定的这个国家所开发的战略，但是这种战略因为太依赖于这个国家很强的特殊性，所以此战略并不能应用于其他海外市场。

今后，商业的全球化将继续推进，全球战略的重要性也会继续增加，这时，全球成本领先战略、全球差别化战略、全球细分市场战略会占据越来越多的比重。

Porter（1986）提示了"全球平台"的概念，即国家为国内企业在世界市场的竞争优势提供良好环境，那么这个国家被称为"全球平台"。某个国家不一定需要成为企业全部价值链活动各环节的集中场所，作为能够提供比较优势的场所，仅仅成为某一部分价值链环节的场所即可。

跨国企业将相关的职能部门配置到在该领域具备比较优势的国家，更有可能获取竞争优势。这个国家如果拥有比较优势，而且国内需求和经营环境较好时，会成为跨国公司竞争优势的重要来源。

一般认为，有比较优势的国家一般是跨国公司总部所在地（母国），也就是说，以母国的优势为基础，进行海外直接投资，将业务拓展到全球。但是，"全球平台"不一定限定于母国，反而只有摆脱母国中心主义的魔咒，去世界各国寻找真正对自身有利的"全球平台"，并有效加以利用，才能称得上是优秀的跨国经营战略。

六、国家竞争优势与钻石模型

对于跨国经营来说，国家的竞争优势具有什么样的意义？重要的是企业在特定的产业中进行竞争时，其总部所在国（母国）是否储备了对于该国企业进行国际竞争有利的各方面优势条件。Porter（1990）将国家的竞争优势总结为以下四个方面（见图2－4）：

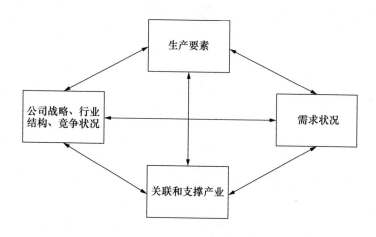

图2－4 国家竞争优势钻石模型

资料来源：Porter（1990）。

1. 生产要素（Factor Conditions）

熟练的劳动力或者基础设施等一些对于特定的产业来说，国家所拥有的企业能够进行市场竞争所必要的各种优秀的生产要素。

2. 需求状况（Demand Conditions）

本国对特定产业的产品或服务的需求特质。

3. 关联和支撑产业（Related and Supporting Industries）

国内是否具有国际竞争力的供应商和关联产业等。

4. 企业战略、行业结构、竞争状况（Firm Strategy，Structure and Rivalry）

在这个国家决定企业如何创立、组织化、进行经营的条件，以及国内企业间的竞争与合作关系。

这些因素是对该国企业的竞争优势产生影响的重要条件，四个条件也直接相互关联。

"要素条件"是指劳动力、土地、天然资源、资本、基础设施等，随着高度知识化社会的到来，劳动力水平的升级是极其重要的。

"需求条件"是指国内需求质量的重要性极高，不单是本国市场的需求要大，而且需求质量也要高。国内拥有要求极高的消费者，能够促使企业不断进行技术创新，带来竞争优势。如果国内的需求很超前时，会给企业带来在全球市场竞争时获得优势的机会。

国内拥有好的"关联和支撑产业"是给企业带来竞争优势的重要原因。作为关联产业的供应商，如果具备国际竞争力，当然会给下游的整机组装产业带来竞争优势。不仅能够高效率的提供高品质的零部件、原材料，跨国企业还能跟这些供应商一起共享技术创新的成果。

"企业战略、行业结构、竞争状况"是指企业的组织方式、管理方式、竞争方式都取决于所在地的环境与历史。如果一个企业的母国鼓励创新，有政策与规则鼓励企业技术研发、提升能力与固定资产投资，企业自然有竞争力。另外，母国若是有很强的竞争对手，也会刺激企业不断地提升与改进技术或者产品，提升品质、降低成本。

这四个条件相互影响，作为一个整体发挥着重要的作用，单独的某一个因素很强，如果跟其他几个因素没法配合也无法发挥好的作用，但会带来各个因素的自我提升和强化。比如，国内有强势的竞争对手存在的话，会带动其他几个因素的提升。比如德国汽车工业竞争激烈，每家汽车公司都受到来自其他竞争对手的激励，带动德国汽车工业整体水平的提升，也扩大了市场需求。

这样的钻石模型环境下，国内会形成具备很强竞争力的产业集聚。比如美国硅谷和中国深圳的 IT 产业、意大利皮革制品产业等。

第四节　战略流程的跨国经营战略论

跨国企业流程学派起源于哈佛大学商学院，之后的资源分配研究中，将高层、中层、基层管理者分别应该发挥的作用进行了整理。将这样的研究引入跨国公司管理的是 Prahalad、Doz、Bartlett、Ghoshal 等。Prahalad、Doz 关注高层管理者的作用，Bartlett、Ghoshal 将研究范围拓展到了中层和基层的管理者。再之后，此流派将研究中心放到了全球统合与当地适应平衡问题的组织论上。

一、Prahalad、Doz 的跨国战略分析框架

他们的跨国战略分析框架特征是，从公司高层管理的视角出发，给出了如何考虑跨国战略的方针。如第五章会详细分析的那样，他们提供了一个使用全球统合与当地适应这两个概念的组合，然后根据不同的组合，帮助跨国公司选择应该采取什么战略的理论。更进一步将 Porter 的产业特征分析加以结合，分析了什么样的产业适合全球统合，什么样的产业适合当地适应。他们的创新在于没有将全球统合与当地适应看作矛盾关系。

Prahalad（1975）、Doz（1976）认为全球统合的根本是经济效率，当地适应的根本是政治压力或者适应当地市场需求。

之后，Prahalad、Doz 以战略控制这一概念为基础，从高层管理者的视角提出了三个战略，分别是控制、变革、柔性。控制是指将企业各个环节的活动在多大程度上进行全球统合或者当地适应。变革是指随着外部环境的变化，对于全球统合与当地适应，应当进行重新平衡。柔性是指如何将看似逻辑矛盾的全球统合与当地适应进行有机的结合。

这个全球统合与当地适应的分析框架，成为了国际战略论流程学派的基础，之后被多位研究者所引用。

二、Bartlett、Ghoshal 的跨国战略分析框架

Bartlett、Ghoshal 对比了跨国经营中传统组织架构与新型组织架构的特征，他们还以 ABB 公司为例，将跨国矩阵组织架构中高层、中层、基层管理发挥的作用与传统事业部架构中各层级管理的异同点作用进行了研究。

他们认为，传统的组织里，高层管理者将资源进行分配，确定整体的方向并制定制度，中层管理主要将上下的信息进行串联，基层管理对已决定的事项进行执行或者解决现场的问题。而 ABB 公司这样的新型组织形式里，高层考虑企业的目标和愿景，中层将相互矛盾的利害关系或者部门之间的信息进行横向的调整和统合，基层管理则需要创业家式的创新精神。

他们还认为 ABB 这样的新企业架构形式里，传统的硬性因素如经营的战略、组织架构、系统之外，还应当对于人员、流程、目的等软性因素多加重视。

第五节 融合了战略本质内容和流程的
跨国经营战略论

上几节中，从战略的本质和流程的视角进行了归纳。但是，实际的企业运营中，很难将内容和流程清晰的分离开来。所以，近年来，经营战略研究的动向对此进行了融合。

比如，位置战略认为通过确认自己企业在特定产业中的位置，并据此做出对应，能够取得一定的好效果。但是，该理论不能解释同样选用位置战略却产生了不同的结果这一普遍现象。

为了能够说明企业间绩效的不同，单纯进行产业层面或者产业内的战略组合分析是不够的。这家企业的核心竞争力是什么？产生这种核心竞争力的组织能力是什么？对此进行分析的是战略过程论。通过对企业内管理者的想法和行动过程的分析，能够更好的理解企业文化的特征，并有可能找到企业组织能力的源泉。

另外，着眼于企业战略制定过程中管理者的作用和行为的战略流程论，能够提供战略内容学派没有涉及的企业内部微观视角。但是，仅通过这些并不能有效说明一个管理者的行为和政策执行能够转化为组织能力。其背后因素还是与该企业处于此产业中的什么样的竞争环境，并据此采取了什么战略相关。

一、Ghoshal 的全球战略分析框架

到底跨国战略的目标是什么？为了实现目标应该采取什么手段？不对上述问题进行系统的论证，跨国战略只会成为临时对各国市场进行环境适应的权宜之计。Ghoshal（1987）提出跨国战略的目标有三个：第一，运营效率的提升；第二，风险管理；第三，创新、学习、适应。为了达成这三个目标，竞争优势的来源也有三个：第一，国家的不同；第二，规模经济性；第三，范围的经济性。图2-5是对此分析框架的总结。

首先看①效率，企业因为采取了跨国战略，所以拥有从各国不同的工资水平、资金成本等生产要素价格差而产生低成本优势，通过大范围的活动享受潜在的规模经济性好处，以及因为参与多个市场、提供多种产品而使投资和成本得以分摊所带来的范围经济性。

关于②风险管理，即使各国的比较优势发生变化，通过对管理各国家不同的经济风险、政治（政策）风险、竞争风险、资源风险等各种风险，能使享受规

模经济性和平衡运营与规模的弹性，利用范围经济性，通过多元化增加选择机会，并投资于不同的组合，使风险分散。

关于创新、学习、适应，是利用国家的不同，从各国的组织社会系统进行学习，学习经验这一规模经济的动态好处是能够带来成本的降低和促发创新，进一步通过不同的产品、市场、行业来共享学习，带来范围的经济性利益。

Ghoshal 分析框架的特征是将效率，风险管理，以及创新、学习等作为跨国战略的目标，并从多个方面探求了竞争优势的来源。

		竞争优势的源泉	
	①国家差异	②规模经济	③范围经济
①效率	从要素（工资、资金）成本差异中获得效率	在每一个活动上扩大规模效益	多产品/市场分享获得范围经济效益
②风险管理	通过市场多样化/国家差异降低风险	平衡规模和经营上的弹性	组合投资降低风险，多元化增加选择
③创新、学习、适应	通过了解组织过程、管理制度的社会差异学习	通过降低成本和增加创新获得经验和知识	通过跨组织、跨产品、跨市场、跨行业来分享学习成果

（左侧：战略目标）

图 2-5　Ghoshal 的跨国战略分析框架

资料来源：Ghoshal（1987）。

二、竞争优势和比较优势：Kougut 的跨国经营战略框架

Kougut 使用类似于 Porter 价值链概念的附加价值理论，提出了自己的跨国战略论点。他认为"附加价值链是将技术与原材料、劳动力进行组合，并将这些输入品经过加工组装，投入市场进行流通的过程"。也就是说，是将各种各样的原材料和劳动的输入（Input）产出为输出（Output）并投放市场的一连串的流程。有的企业只涉足这条价值链的一部分，有的企业的业务范围则涉及整个价值链。有的企业将全部的价值链放到母国进行（比如本土企业），跨国公司则需要战略性的考虑这些价值链配置到哪些国家或地区更为合适，这是跨国企业的重要课题之一。

Kougut 认为跨国企业有两大重要战略性课题：第一，企业该涉足哪些附加价值链环节；第二，企业将这些业务环节配置到什么地方。Kougut 的答案是企业应当投资到附加价值链里本公司具备竞争优势的环节，且配置到具备比较优势的地区。

Kougut 后来又提出，实际上述论点存在不确定性和风险，企业需要具备运营

柔性（Operational Flexibility），在中央统合与当地适应之间进行良好的平衡。在这一点上，Kougut 已经涉足战略流程领域的讨论。

三、Yip 的国际战略论：Total Global Strategy

Yip（1989，1992）将跨国战略进行了多方面且系统性的整理。尤其值得注意的是他提出了跨国战略在什么条件下才能良好运转的系统性框架。

Yip 提出，影响跨国战略的利益和成本的因素有三个：第一，跨国战略手段；第二，产业跨国化的推进力；第三，跨国的组织能力。并称为全球化三角。

更具体来说，商业和母公司的状况与资本以及产业全球化推进力的各要素会影响跨国战略手段，进而影响跨国战略的利益和成本。此外，确保实施跨国战略的企业组织能力这一要素，主要影响跨国战略手段到跨国战略的利益与成本的关系，有时也会直接影响跨国战略手段（见图2-6）。

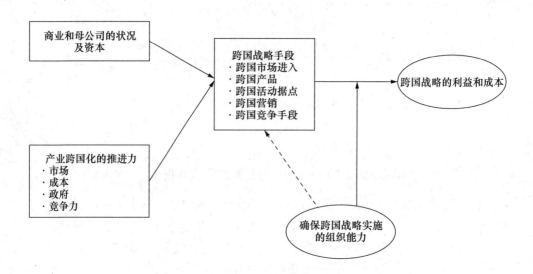

图2-6 Yip 的跨国战略分析框架

资料来源：Yip（1992）。

Yip 提出这一分析框架的特征具有很高的整合性，既包括了 Porter 研究的产业要素，也包括了具体的跨国战略手段和组织能力。可以说这一框架是对 Ghoshal 的研究更进一步的整合，下面对此框架的各个要素进行说明：

跨国战略的利益是指降低成本、改善质量、增加消费者好感度、以及增加竞争手段。跨国战略的成本是使用各种跨国战略手段会产生跨国调整的成本。

跨国战略手段是指跨国市场进入、跨国产品、跨国经营据点、跨国营销、跨国竞争手段等。

产业跨国化的推进力是指市场、成本、政府、竞争力等四个要素。

跨国组织能力要素是指组织构造、管理流程、人才、文化等。

Yip 的分析框架对跨国战略顺利发挥作用的条件进行了多方面综合性的整理。但是由于过于综合，网罗了各种因素，导致对于哪些因素更加重要没有进行明确说明。不过这也正反映出了跨国战略的复杂性。企业在实施跨国战略时，可以将 Yip 的分析框架作为一个全面而系统的检查表（Check List）来使用。

第六节　跨国经营战略的资源视点

一、经营资源视点

至此，对跨国战略的各种分析框架进行了介绍。这些框架主要分以下两种：第一种从与宏观产业特征的关系来看跨国战略，对战略的内容，即应该选用什么样的战略重点进行了论证；第二种从更加微观的视角，从与跨国公司管理的关联来看跨国战略，强调战略制定以及组织能力保障的重要性。

第一种被称为战略内容学派，关心战略本身相对应的内容，第二种被称为战略流程学派，关心跨国战略的制定和实行的过程。

但是，这两种分析方法都欠缺了某些内容，欠缺的是从经营资源进行分析的视角。为了确立企业的竞争优势，不仅需要在本产业内确立战略地位，还需要具备管理能力。

经营战略论也进行了类似的讨论，Porter 等位置学派认为，根据企业处于产业中的什么战略集团（Strategy Group），决定其相适应的位置战略，这种战略影响企业收益。

但是，假设属于同一战略集团，且采取同样的战略，企业之间仍然会产生业绩的差距，这是为什么？对此问题，宏观理论并没有给出解答。需要针对个别企业所特有的组织能力进行分析。所以，核心竞争力这一概念的提出具有重要的意义。

另外，战略流程学派认为，高层管理者的愿景和其领导力、所适合的跨国经营的状态是非常重要的。同时，中层和基层管理的组织能力也有其重要性。前提是战略的制定和执行都取决于管理流程的优劣。

但是就算满足上述条件，如果在产业中处于错误的位置，对公司的核心竞争力没有帮助时，也不能构建起竞争优势。

二、跨国经营资源论的特征

RBV（Resource Base View）的主要论点是特殊企业持续可能的竞争优势的来源是什么。获得并构建起价值大、被模仿困难、稀少且已差别化的应用范围广泛的经营资源是竞争优势的来源。为了获得这些资源所需的组织学习、创新战略是重要的机制。Prahalad 和 Hamel（1990）提出了核心竞争力（Core Competence）这一重要概念。

企业自身的核心竞争如果能成为竞争优势源泉，经营资源需要具备几个条件（见图 2-7）：

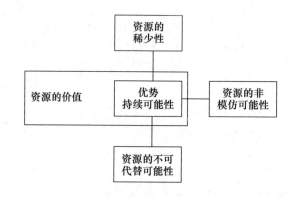

图 2-7 竞争优势资源的条件

资料来源：Collis and Montgomery（1995）。

1. 非模仿可能性

资源是独特且不能被模仿的，能够带来的价值也更大，其可持续性也更长。但是，非模仿可能性并不能永远持续，极力维持其可持续性才能确保竞争优势。

跨国企业正好有条件构筑和维持非模仿可能性。因为跨国企业能够从海外获得多样且差别化的资源，如果与企业现存的资源进行组合的话，非常有可能变换出独特的资源。非模仿可能性快要失去时，理论上讲能够随时从全球新获取到独特的资源。

资源的非模仿可能性来自于物理独特性、路径依赖性、因果暧昧性、经济抑制力（Collis and Montgomery，1995）。

物理独特性高的情况很难被模仿。比如，好的区位条件，跨国企业在世界哪些国家的哪些城市拥有子公司分支机构比较重要。但是只有这些的话，竞争对手也很容易模仿过来。反而跨国企业应该利用只有跨国公司才可能拥有的世界性人脉网络，确保在比其他竞争对手更有利的区位里占据好的条件。

路径依赖性是指资源的积累过程非常独特，所以竞争对手就算能够模仿结果，却并不能模仿达成这种结果的运作过程。比如，可以很容易的模仿其他企业的品牌名，但是很难模仿品牌忠诚度。

跨国公司国际化发展的类型是各不一样的。就算都在某一个国家拥有子公司，其发展历程也各不相同。核心是在国际化进程中的经验和知识的积累，这是很难被模仿的。比如产品开发的流程在什么样的国家，经历了什么样的试错等尤其复杂，其他企业很难模仿。

成功因果逻辑的暧昧性也会使得其他企业难以模仿。其他企业的成功要素里最为重要的，往往正是因果逻辑比较暧昧的部分。比如组织能力和企业文化等。跨国企业在世界各地的员工所持有的暗默知识相互交融，从中创造出无数有形或无形的资产，所以难以从中对主要的成功要素进行总结和梳理。从世界各地获取资源，企业内部进行转移、加工，进行价值创造的过程，从外部来看是黑箱化（Black Box）的，所以可以维持非模仿可能性。

经济的抑制力是指企业通过进行巨大规模的投资，封阻竞争对手的行为。即使竞争对手也具备这样的技术优势，但是因为市场规模是有限的，所以竞争对手会选择不再进行投资。特别是大型跨国企业持有的资金规模往往超越一些中小国家 GND 规模，这样的企业通过巨额投资抑制竞争对手的行为是很有效的。

2. 经营资源价值的持续性

根据资源能够持有多久，决定企业的竞争优势能否持续。比较有名的是迪士尼所持有的品牌，使得公司竞争优势持久。跨国公司为了使企业的资源价值不降低，从全世界导入新的资源进行补强。当某个海外子公司的资源价值下降时，可以从其他国家传输相对应的资源进行维持。

3. 占有可能性

哪些公司能够获取资源所创造的价值？企业持有资源，并不一定意味着能获取价值。自己的资源所产生的利益，能够被自己获取到，是确保公司竞争优势的必须条件。

跨国企业在世界各地的分支机构持有能够产生很高潜在价值的资源的可能性较大。但是，某海外子公司特有的资源，在当地市场并不需要时，如果其他海外子公司有需求，跨国公司有联络机制可以将需求者和提供者进行链接。因为远距离，所以也有一定困难，但是跨国公司内部交易会比市场交易障碍更少。这时，公司内部是否拥有促进知识、信息共有的机制，能够影响占有可能性。

4. 代替可能性

企业拥有的资源不被其他公司的资源所替代是非常有必要的。代替可能性也是 Porter 的行业分析五力模型中的一种力量。跨国公司因为能够在世界范围内控制影响资源有效性的关联资产，所以一定程度上能够抑制对自身资源代替的可能性。但是，随着技术革新的发展和天然资源的枯竭，也不排除出现代替资源的可能性。这时，跨国公司跟当地企业不一样，至少可以在某些国家抑制代替资源的出现，继续利用自己的竞争优势来获取利润。

通过上述对跨国企业角度的经营资源论主要论点的概述，总结出以下结论：

跨国公司不同于仅仅在本土经营企业的最大特点是其经营业务在世界范围且在世界规模进行的。根据其资源管理水平的高低，能够从世界范围内获取贵重的资源，且比从市场交易更容易获取并利用资源。与跨国公司战略方向相一致的经营资源可以从内部产生，并传输至全球范围内，对企业的整体战略产生巨大贡献。但是，反过来，重要的资源往往附着于特有的场所，如果离开这个特殊的场所，资源的价值不再起作用的情况也存在。

所以，跨国经营中经营资源管理的问题是如何才能将适合企业战略方向的重要经营资源，从国内外的据点网络中尽早的获取、转移、共有，进行战略性的使用。然后，如何能够将上述重要的经营资源进行积累，巩固本企业固有的竞争优势，这是尤其重要的问题。这种经营资源论是对以前战略流程学派的进一步升华。

第三章 国际企业管理战略内容

第一节 国际化的模式和战略

第二章对跨国经营战略的理论进行了多方面的梳理。本章对企业具体面临的经营战略的内容进行讨论，对作为跨国经营管理基本问题的国际化模式进行分析。

一、进入模式

企业进入海外市场的模式，从大的方面来分：有出口、海外生产等。Hill（2001）则更细致的将进入模式分成了出口、交钥匙工程、许可证、特许经营、合资、全资子公司等，并对各种模式的优势和劣势进行了整理。Ball 和 McCul-loch（1999）则分为出口（间接、直接）、海外生产（全资子公司、合资、许可证、特许经营、契约制造）等。对各种分类的特征进行简单的总结：

1. 出口

出口是最初进入海外市场的方式，出口又分为间接出口和直接出口。

间接出口。是一种最简单的出口方法，只需要支付手续费，剩下的交给出口代理商即可。出口代理商一般拥有海外市场状况的信息，这种模式作为企业向海外市场出口公司产品的第一步是非常简便的。

但是，海外当地的代理商也会代理本企业竞争对手的产品，自己公司的产品也有可能不被优先销售。或者当地的代理商突然转变方针，不再代理本公司产品的情况也时有发生。这种模式最大的缺点是对企业来说，因为不直接接触海外消费者，经过很多年还不能积累海外市场的相关经验和知识。

直接出口。企业亲自向海外市场进行产品出口的方式。开始是在公司内部指定海外出口部门的负责人，通常是从营销部门选出。随着业务规模的扩大，企业内部设立海外出口部门。

出口模式下，因为并不存在海外生产的成本，所以能够充分利用本国集中生产的规模经济性。但是，如果本国生产成本更高时，并不具备优势。或者有些种类的产品运输成本极高，以及不得不面对海外的关税壁垒，这时企业往往开始考虑进行海外生产。

2. 海外生产

海外生产有几种不同的类型：

全资子公司。总部持有全部股权的海外子公司，往往进行生产型活动。可能是从零开始建设的绿地投资（Green Field Invesment），也可能是收购的当地企业。

合资。多家企业合作设立的方式，比如与当地企业进行合资，或者与在当地的其他外资公司合资。一般来说，选择与当地企业进行合资，容易得到当地政府的更多支持。

跟当地企业合资的好处很多：第一，容易获取当地特有的知识。第二，能够分担风险和成本。第三，更容易应对当地政府的本土化限制政策。

合资的劣势包括：第一，自身的管理经验、技术外流的风险。第二，不能自由的控制所有的管理活动，有可能与合作伙伴的意见相左。

契约制造（Contract Manufacturing）是向海外的企业提供详细的指导，并将自己公司产品的制造委托给这家海外企业，但是销售还是自己企业负责。又可以分为自己不在海外拥有生产设备，所有的生产业务全部委托给当地企业的情况，和只将零部件和产品的组装这一环节委托给当地企业的情况。多数是委托给发展中国家的企业。

但是，当地企业多属于被动式的接受委托业务，那么对于跨国公司来说，这种方式不能很好的吸收当地的知识，不能根据当地市场需求进行营销或生产方式的适应性改变。当地公司处于被动从属的地位。

3. 其他模式

海外进入模式里还有比较重要的。比如，制造业常见的许可证模式，服务业常见的特许经营模式等。

许可证。一家企业向其他企业提供限定期间内，使用其发明专利、设计、商标、技术知识等无形资产的契约。比如，马自达向海南汽车提供马自达3车型的生产许可是典型的例子。

许可证模式的好处是对于跨国公司来说，不用进行资产的投资（因为被许可方会负责在当地进行运营所需的融资或设备的购买等）。这对于在不太了解的地区或者政治风险大的地区开展业务是非常便利的，不用担心资金不能回收等问题。

但是反过来，此模式的坏处是不能控制被许可方。而且向海外企业提供技术的许可，这家企业有可能会成长为自己潜在的竞争对手。例如，美国企业曾经大量向日本家电企业提供技术许可，之后，日本企业利用学来的技术，反过来在美国市场不断侵占美国企业的市场份额。

为了排除这种风险，可行的办法包括双方都向对方提供技术许可，进行交叉技术许可，相互提供给对方自身的技术等无形资产。或者像富士、施乐那样，提供许可的同时，双方进行合资公司，这两种方法都能避免一方做出伤害双方合作的不利事件。

特许经营。向海外的企业提供使用自己企业品牌名的许可。但是，对当地企业相关的经营活动进行详细的规定。比如，麦当劳向全球的店铺提供品牌使用权，但是对各家店铺的菜单、食品制作方法、服务水准、店铺标志等进行世界标准的统一。

这种模式的好处是能够避免海外运营所产生的成本和风险。反过来，坏处是对全球范围的所有店铺进行服务水平的管理有一定难度，如果海外某些特许经营店铺的服务水准很低，会对企业长期构建起来的品牌产生危害。

以上是对各类拓展海外市场进入模式的分析。出口、海外生产、其他模式等方式里，并不存在绝对优势的模式，都有优势和劣势。所以，企业需要根据自身国际化的状况进行选择。

二、国际化发展阶段

一般来说，上述海外市场的进入模式可以被认为是连续的发展阶段，很多学者对发展阶段进行了不同的分类。根据 Dunning（1993）的分类，主要分为以下五个国际化阶段：

第一阶段：间接出口。

第二阶段：直接出口（在海外进行销售渠道的开拓、在当地设立销售子公司）。

第三阶段：当地生产（零部件当地组装、生产）。

第四阶段：当地生产（新产品的当地生产）。

第五阶段：地域、全球统合。

第一阶段的间接出口，是依靠国内外的代理商进行的，自己公司的产品被销往国外。但是，因为管理都在本国完成，所以很难获得国外经营管理的经验。

第二阶段的直接出口，是在海外设立销售子公司，进口自己公司的产品，进行销售。这个阶段能够直接接触海外的市场和客户，能够更好的应对当地市场的需求。

第三阶段在海外进行零部件组装生产，是因为比起在母国进行生产然后出口这一模式，将零部件运送到海外更加便宜，关税也更低，而且可以利用廉价的海外劳动力。

第四阶段的新产品的海外生产阶段，是进行正式的海外生产的阶段。海外市场的某些国家往往会设置关税壁垒，要求不断提高零部件的国产化率等各种各样的进口限制，为了应对这些对于进口产品的限制，企业的海外生产会加速推进，海外生产有直接投资（全资子公司、合资）、许可证、契约制造等多种形式。

第五阶段的地域、全球统合是指不单进行海外生产，还将其他附加值更高的职能移植到海外，比如也会向海外转移一部分研究开发等一些母国集中倾向的职能，那些面向海外市场销售的产品，开始依靠总部和海外市场的当地研究能力进行共同开发。

这时已经不单是将母国与海外的当地市场看作一对一的关系，而是将海外市场看作地域性的单元或者全球性的单元，一个海外市场国家的研究开发、生产、营销等各项活动开始与其他海外各国相应的活动进行联动，以便获得更大的效率（Dunning，1993）。

三、国际化与所有权

通过海外直接投资进行海外业务扩张，有一个需要做出决策的事项是对子公司所有权的确定。

对子公司所有权的确定，其中一个标准是根据对子公司完全控股还是选择合资。

完全控股的好处是对于制定战略、实际运营，或者对于重要资源能够完全掌控，能够进行快速的决策。因为海外子公司是公司内部组织，所以进行知识和经验等的移植更容易。而且能够完全获取子公司创造的所有利润。

反之，劣势是由于进行了全部投资，所以一旦运营失败时也得独自承担。而且，如果当地外部环境发生急剧的变化，不再适合继续运营时，之前的投资不能回收回来，也就很难进行退出。如果这个国家有保护主义时，这个海外子公司会经常面临政治上的打压。

合资的情况正好相反。好处是比完全控股的投资额少，能从合作伙伴那里快速获得当地市场相关的信息，不会面临政治打压，也能与合作伙伴共同分担投资风险。

合资的劣势是跟合作伙伴达成战略统一的难度较大，进行调整较为困难，只是部分拥有对合资公司的控制权，进行决策较慢，合资公司收益需要跟合作伙伴分成等。

合资也有很多种，比如传统的企业与海外当地的企业进行合资，也有些是在某个国家与第三国的企业进行合资，或者在某个海外市场，与自己国家的企业合资（Makino and Beamish，1998）。从业绩表现来看，传统的企业与海外当地企业进行的合资，合资企业的绩效最好，同时合资公司解散的可能性也最大。与在海外市场的自己国家的企业进行合资时，解散的可能性小，绩效也比较高。而在海外与第三国企业进行合资时的绩效很低，解散的可能性也极高（Makino and Beamish，1998）。

对子公司所有权确定的第二个标准是绿地投资还是收购。

收购海外企业的好处是，可以快速从海外现存企业获得各种经营资源（比如研发基地、生产基地、营销或流通渠道等）。这样的经营资源如果靠自身企业去培育需要花费很长时间。企业希望扩大自己的事业领域时，或者希望进入新的产业时，收购都是非常快速的解决方法（Haspeslagh and Jemison，1991）。

收购还能获得当地企业所持有的外部网络资源，比如与供应商、买家等的关系。尤其是在一些进入壁垒很大的国家，靠外资公司自身努力基本不可能进入这个国家的流通渠道。被称为平台型收购的类型就是指这种通过收购当地企业的对外网络而进入当地市场的情况。

反之，这种方式的劣势也很多，最大的劣势是有可能面临当地国家的政治或心理上的逆反。也需要关注这个国家的国家风险。比如要留意当地对知识产权保护的重视程度。

四、区位选择

决定进入哪些海外市场是跨国战略的重要课题。外部环境是进入海外市场时，选择区位的重要判断基准。具体来说，以下的判断基准较为重要：

1. 市场的魅力

自己企业的产品向海外出口时，当地市场的规模有多大，购买力是否足够强，今后市场规模是否会继续扩大等需求因素。

2. 客户的国际化

有时企业需要根据客户去了哪些国家进行国际化经营，而被迫也跟随进入这个国家。尤其是一些供应商会随着整机厂商而进行国际化。比如，汽车玻璃厂商会随着整车企业进入某个国家设立工厂，也必须在这个国家设立工厂，以继续向自己的客户提供汽车玻璃。

3. 竞争环境

这个海外市场的竞争激励程度如何等一些竞争环境指标也是重要的判断基准。

4. 当地的能力

有时进行跨国经营不单是为了向这个国家销售自身产品，如果还希望从这个国家获取一些重要的经营资源时，这个国家拥有的能力就极为重要，也就是将这个国家作为资源的供给来源来看待。比如，希望通过这个国家眼光非常高的消费者，来获得其他企业是如何开发出畅销产品来满足这些消费者，希望从当地专家那里学习时尚的设计，希望从当地技术研发人员那里学习最先进的技术来补强本公司基础研究能力等。

5. 廉价且勤劳的劳动力

这也是供给侧因素，如果在当地能够以较低的成本，确保优秀的劳动力，企业可能会向这个国家进行直接投资建造工厂。如果劳动力成本变高，则会将生产基地继续转移到其他便宜的国家。

6. 政治的安定

向国家风险（Country Risk）较大的地区进行对外直接投资，会伴随一些危险，比如资产有可能被当地国有化而没收。

7. 限制

这也跟政治因素相关，当地会有一些特殊的法律或制度上的限制，应当引起足够的注意。比如，不能轻易解雇当地的劳动者；劳动者退休后，企业也要负担很高的福利等。如果进行了投资以后，再去关注这些问题或已经很难解决。

8. 文化的因素

进行国际化经营的那个国家的文化如果与母国文化差距过大，有可能会陷入困难。相互之间不能理解对方的工作方式和商业习惯等，所以需要对要进行海外经营的国家或地区进行一定程度上的筛选。

这些因素与 Porter 的国家竞争优势钻石模型有些类似（钻石模型参见第二章）。钻石模式说明了某个国家的企业为什么能够保持创新，保持竞争力，是因为与这个国家的很多因素有关，Porter 也认为，为了获取更好的优势，而选择去某些有竞争力的国家进行跨国经营从而获得一些优势资源，对于公司的发展有利。

关于地区的选择，Dunning 的 OLI 框架中的区位优势概念与此相关。即企业拥有所有权优势，而且将这种优势带到某个具备区位优势的地方，且进行内部化使用会更有效率，这时，企业会开始考虑选择将这种竞争优势带到海外。

反之，如果找不到具有区位优势的地区，反而是选择继续在母国进行内部化生产，仅仅将产品出口到海外。如果所有权优势内部使用的好处很小（也就是没有内部化优势），这时，会选择将自己拥有的经营资源提供给其他企业（许可证模式等）代为生产。所以根据 OLI 理论，区位优势是选择是否进行海外直接投资的重要考虑条件（见图 3 - 1）。

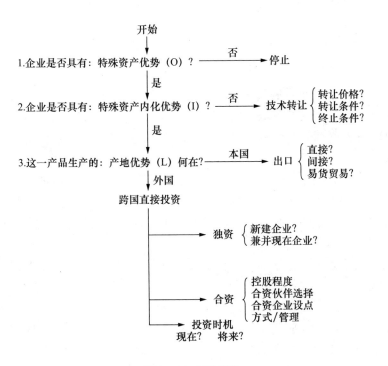

图 3 - 1　OLI 理论

资料来源：根据 OLI 相关理论整理。

五、退出战略

跨国经营不一定都会成功。如果与当初想象的不一样，海外的经营出现了问题，企业应当考虑退出战略。很多企业认为将海外的事业培育壮大是企业成功的标志，撤退是失败的象征。这种想法并不正确，很有智慧的退出也是有效战略的一种。

欧美企业里有很多随着海外市场的政治经济形势的变化，而不得不频繁变化经营方针，不得不撤退的例子。比如，纳斯达克从日本的撤退，家乐福 1970 年前后在欧洲开设了大量的店铺，但是除了在西班牙以外，从比利时、英国、美国等市场都实施了退出战略。

企业拥有的资源是有限的。如何有效的分配这些有限的资源，是决定竞争成败的关键。企业进行国际化时，会从多个角度考察海外市场的区位优势，并进行选择。前提是进入这个国家进行经营，对于自己企业是有利的。但是一旦进入该市场，才发现可能会遇到各种各样的问题，这时如果随着时间的变化，当地的情况对本企业不利时，应当尽快认识到这种变化，进行地点的变更。

退出时主要考虑的因素包括以下几种：

1. 当地因素

当地的国家风险。这个国家的政治形势出现了急剧变化，进入不安定状态，正常的商务活动不能正常展开时，企业不得不选择撤出该国。

当地的政策。当地如果出现了对跨国公司不利的政策时，不得不从当地撤退。例如，出现对外国人劳动者就业的限制，对进口原材料进行限制等。

当地的需求条件。当地的需求因为某些原因导致对自己公司不利时，不得不考虑撤退。比如自己公司的产品不能很好的适应当地的文化、习惯时，需求会减少。因为宗教的原因，不能在这个国家销售含有肉类的汉堡，因为药物限制而不能在这个国家销售使用了化学成分的化妆品时，需要做出符合当地市场的改变，或者选择撤退。

当地的要素条件。当地的原材料、劳动力成本的快速上升，使得在这个国家生产活动出现障碍的时候，应当考虑撤退。

当地竞争状况恶化。当地市场竞争状况有发生变化的可能。伴随着如技术革新、限制取消等外部环境的变化，使得之前的进入壁垒不再存在，现存企业不再拥有优势，导致该国市场竞争加剧。如果这个国家对于企业来说是非常重要的战略性市场，可以选择死守并争取竞争的胜利。但是因为企业的经营资源都是有限的，如果这个国家的市场对于企业来说，战略上并不重要，撤退也是必要的一种选择。

2. 本公司的因素

战略的变更。因为企业自身战略发生变化，可能选择从某个国家撤出。比如，公司的市场目标从进入成熟期的发达国家，转移到今后迅速成长的新兴市场时，必然会伴随着缩小或者关闭发达国家据点，转移到新兴市场。

管理上的问题。如果海外子公司在管理当地员工的问题与当地工会产生对立，或者总部与海外子公司存在对立，或者与收购来的企业之间存在各种问题时，跨国公司有两种选择：第一种选择是顽强的解决各种对海外子公司管理上的问题，这时需要努力通过跨文化的相互理解来解决问题，但是因为这种选择会产生巨大的成本，所以第二种选择就是直接从该国撤退。

业绩的恶化。对于跨国公司来说，即使某个国家市场对其战略非常重要，但是，在该国的业绩持续恶化时，选择继续运营也不会有好处获得。这时，有可能会选择继续在该国投入资源，重新增强竞争力。但是如果企业并不具备业绩恢复的实力时，就不得不选择撤退。

3. 阻碍撤退的因素

多数企业进行撤退时，面临的问题主要包括：组织惯性、沉没成本、公司内部政治等。

组织惯性是指企业认为在这个国家开展业务是当然的。

沉没成本是指好不容易投入巨大的成本在这个国家开始运营，如果这时选择撤退的话，导致不能回收之前投下的成本，所以企业倾向于继续运营。

公司内部政治是指当初推动在这个国家开展业务的人员，为了保持在公司内部的政治影响力而反对撤退的情况。总的来说，撤退的判断是公司层面战略领域，高层管理者需要依据强势的领导力，牺牲短期利益确保企业的长期利益。需要进行全局通盘考虑。

第二节　职能国际化战略

企业进行商务活动的国际化拓展时，将各个职能配置到哪些地区是一项重要的决策。Porter 也使用价值链的配置与调整这一概念进行分析，认为这种决策是跨国战略重要的一个事项。

当然，如第三章所讨论的那样，各个职能集中后分散到什么地区，根据企业所采取的战略而大有不同。但是一般来说，根据职能的特征，有将研究开发或者财务集中于母国，而将生产、营销、人力资源这些与人的因素密切相关的职能部门，分散到各地并进行当地适应的倾向（Goehle，1980；Hedlund，1981；Welge，1981）。

在此，选取几个重要的代表性职能，就其国际化战略的特征进行整理。

一、跨国 R&D 战略

R&D 研究开发战略将会在第七章进行详细说明。在此先简单的进行一些描述。研究开发是企业价值链中最高端的职能，通常企业会将这一职能放置在母国的总部。最近几年，有向海外扩展的趋势。

这是因为，如果仅仅依靠来自母国的知识资源（比如先进科学技术或信息），有可能会在获取遍布于全世界的最先进科研资源的竞争中败下阵来。或者是针对海外市场进行应用型的新产品研究开发时，需要前往当地市场才能获取潜在客户的需求信息，所以企业会将研发中心部分配置于海外当地市场。

总之，研究开发的跨国战略重要的问题包括：海外 R&D 的区域选择、促进海外知识创造的管理方式、Make or Buy 的选择、培养对知识资源的确保和转移以及利用相关能力等。

1. 区位选择

R&D 配置到什么地方进行，对于跨国公司来说是非常重要的决策，因为这对于跨国公司的创新能力有很大影响。判断标准包括以下几点：

供给因素。在哪些区域能够获取到高端的基础研究知识、研究开发技术、有能力的研究开发人员、研究资源网络等。

需求因素。有多大程度需要前往当地才能进行适合当地市场需求的产品开发。

战略因素。企业采取的是将 R&D 集中于一个地方，是向全世界提供知识和技术的全球战略，还是在各个国家配置多种职能 R&D 也分别配置到各个国家的多国适应战略。

组织因素。收购外国企业之后，将其 R&D 职能废除还是保留需要决策。在海外子公司保留原来的 R&D 职能，那么当地会有很大的自豪感。反之，废除原有的 R&D 设施的海外子公司会感觉到级别降低了，从而有可能带来士气低落。

政治因素。海外当地政府是否在积极的进行吸引 R&D 的招商活动。是否对跨国公司有必须配备 R&D 职能的强制要求。如果跨国企业配置研究开发职能到这个国家，因为能够提供就业机会等，作为交换，当地政府是否愿意提供税收优惠等。

2. 分散的 R&D 中心之间的调整

R&D 职能集中于一个国家时，不用费很大力气进行各个研发中心之间的调整，但是可能不足以获取存在于世界各地的知识和技术。反之，R&D 职能分散于世界各地时，虽然能够从世界各地获取有用的研究开发知识和技术资源，但是调整各个 R&D 中心需要很大的成本。

如何在超越跨文化以及跨区域各种障碍的同时，进行多个研究开发中心之间的共同研究开发非常重要，因为多样性可能带来创造性的提升，反过来因为分散可能带来混乱、对立，引发不信任感，导致研究开发的效果很差。

所以，跨国研究开发的主要问题是如何将多样性管理带来的高调整成本控制在最小范围，并尽可能地将多样性带来的异质性进行融合，从而碰撞出创造性 R&D 成果。其中对于调整的管理是成功的关键因素。

3. 外部网络战略

如上所述，实施跨国 R&D 战略会产生巨大的调整成本。将调整成本控制在最小范围，融合各跨国 R&D 中心的知识和技术，创造出新的成果是跨国研发的战略性课题。在海外多个主要的地区设立研发中心进行管理，会产生很大的成本。依靠自己的力量去开设全部的海外研发据点的必要性也需要多加考虑，有时候不用自己去设立，而是选择与外部的研究机构，例如研究所、大学、其他企业等进行合作。依靠外部的 R&D 战略的优势与劣势分别如下：

依靠外部战略的优势。可以节约自己设立和运营 R&D 中心而产生的费用，也能获取自己公司不具备的外部最先进知识和技术以及人才。

依靠外部战略的劣势。与外部研究机构形成知识或技术共有的信赖关系需要花费大量的时间和精力。而且总是不进行自主开发，依靠外部研究机构会导致即使引入外部技术也难以进行对于技术消化吸收的风险。

二、跨国生产战略

1. 生产地点

决定生产地点的选址是跨国生产战略的重要决策。跟本国经营相比，跨国经营的活动场所能在全球范围内选择，有很多的好处也存在风险。所以，跨国战略执行者决定区位选择时，对区位的优势与劣势都应该进行冷静的分析。

国家特征。需要理解将要前去设立工厂的这个国家有什么样的特征。比如政治情况是否安定，经济形势是否平稳，劳动力等要素费用处于什么水平，这个国家的文化是怎样的，劳动者是否勤劳，当地是否有对外资的限制，对上述问题都要做出详细的调查。同时也不能忽略这个国家的货币是否强势，如果汇率的变动导致当地货币升值的话，这个国家就不再是低成本的生产基地。

生产技术特征。开设工厂的固定费用如果特别高的话，就不适合在全球范围内设立很多工厂，固定费用低的话，可以设立更多的工厂。如果能够发挥规模经济性最大效率的话（也就是说，一个生产中心需要很大的产能才能发挥规模经济性），生产基地集中到一个或者少数几个地区会更有效率。反之，如果很小的规模也能发挥经济性，可以在世界各地多开设几个工厂。进一步说，如果工厂实现了机动性很强的个性化定制柔性生产，那么可以集中于一个工厂生产，如果不能实现柔性生产，则需要各个生产据点分别进行适应当地的适应性生产。

产品的特征。重量较重或体积较大的产品会带来很大的运输成本，这种情况下在消费地进行当地生产最为合适。比如水泥、玻璃、啤酒等。而较轻或体积较小的产品则不会产生很高的运输费用，没有必要都进行当地生产，特别是制药等产品很轻，单价却很高的商品，选择在世界上最合适的地方生产，然后出口即可。

2. 海外工厂的职能及其变迁

除了对海外生产主要从经济效益和政治形势等角度进行考察，还应当从战略的视角进行分析。最初跨国公司为了追求价格低廉的劳动力，在东南亚等地设立了很多工厂。随着时间的推移，海外的工厂也不断积累了很强的实力，例如惠普的新加坡工厂等。

总部应该让这样的海外工厂不断发挥更大的作用，不断对其进行技术转移，这样海外的生产中心会成长为具备创新能力的工厂，可能会为企业的研究开发等创新活动做出大的贡献。所以，对于海外工厂应当进行积极的培育，帮助其负担起更高级的职能。

3. 零部件供给

从哪里购买零部件也是跨国生产战略的重要事项。即做出 Make or Buy 的决策。空中客车公司自己制造飞机机翼，因为空中客车认为自己有制造的核心竞争力。而苹果公司则不拥有自己的工厂，所有的零部件和整机的生产全部外包给工资低廉的国家（Hill，2001）。

企业自己生产往往是以下几种情况：自己制造成本更低时；投资于仅自家产品可用的特殊资产更能够提升自身的竞争优势时；防止外包导致自己的特殊技术泄露给外部时等。

反之，从外部购买零部件则是以下几种情况：能够柔性的根据汇率变动、政治风险等的变动迅速改换供应商时；自己企业拥有生产设备的成本更大或者通过内部制造而消减成本的动力不足时等。

4. 跨国生产活动的战略性统合

将生产活动分散到世界各地，还是集中于一个地方（母国等）这个问题，需要从上述很多方面进行综合分析。同时还需要考虑与企业整体的跨国战略进行融合。比如，根据第二章里所提到的自己企业整体是全球战略还是多国战略，其生产战略也应当做出更加符合全球统合，还是符合当地适应的决策。

三、跨国营销战略

1. 标准化与当地适应

跨国营销方面有一个全球标准化与当地适应平衡的问题。之前，Levitt 提出全球消费者的嗜好在收敛趋同，全球化统一的市场将要到来（Levitt，1983）。但是，各国特有的不同消费嗜好依然存在，今后也不太可能会消失。

但是，不同国家消费者嗜好的差异是市场细分的一个方面，其他还有根据出生年代、性别等进行细分的方法。

而且国家的不同，不只有消费嗜好的不同，还有流通渠道体系的不同，广告宣传的不同，定价政策的不同等。这些方面都需要进行全球标准化与当地适应的平衡。比如，全球市场统一使用标准化的一种广告进行产品的宣传推广，一定会产生规模效应、使成本降低，但是不能应对各国不同的文化背景和对广告的制度限制与审查等。

定价政策有时根据国家不同进行差别化对待可以获得高额利益，不过今天全球市场高度在相互依存、相互渗透的情况下，在不同国家实行不同的定价政策也有很大难度。但是有时在某些国家挑起价格战，是阻止竞争对手进入该国市场时需要考虑的战略之一。

市场营销的各个功能模块里，既有产品品牌战略这样需要全体统一的模块，也有促销等需要更加适合当地的功能模块。所以应该指出需要根据自己所负责的职责决定而选择不同的市场营销战略。

根据在当地市场经营活动的不断深化，市场营销政策会变得越来越重要。出口阶段通过代理商进行间接出口或者自己进行直接出口，企业都不会在当地进行直接的市场营销。但是随着出口数量的增加，在当地进行直接投资，设立子公司等，开始与当地市场有了直接的接触。当初通过当地的流通渠道进行销售，最终会设立自己的销售部门进行直接的营销。

进入这一阶段，制定符合当地市场的营销政策是重要的经营策略。有从母国进口产品、当地生产、从第三国进口产品等各种选项。与当地企业成立合资公司的话，可以更好的理解当地消费者的需求，也能够更好的利用当地的流通体系。

法国家乐福超市不断在中南美洲、南欧、东欧、亚洲等地开设很多超市，但在西欧和北美地区称不上成功。在日本也因为面对本土强势的大型零售商的竞争而举步维艰，如何才能进入日本独特的进货、流通体系，获得供应商的合作，建立高效的物流配送体系，成为家乐福的一个挑战。将之前在其他亚洲国家的营销经验复制到日本并不会自然成功，需要进行跨国的营销适应。同样，在中国市场，家乐福也需要做出相应的改变。

2. 构筑全球品牌

企业在全球范围内构筑品牌时，可以利用全球品牌团队。全球品牌团队通常由各国多个参与品牌开发阶段的品牌代表（Brand Representatives）所构成。广告宣传、市场消费、促销等负责人也会加入进来（Aaker and Joachimathales，1999）。

这个团队也存在一些问题，比如全球范围内构建品牌战略的决策责任人不太明确（Aaker and Joachimathales，1999）。

Aaker 等以杜邦公司的莱卡（Lycra）品牌为例，指出莱卡这种合成纤维在全世界多年以来被使用已久，但是因为应用范围太广，构建品牌战略时付出了很大的努力。将其在游泳衣领域的品牌构建责任和权限，交给了巴西的产品经理，时尚领域交给了法国的经理。然后，莱卡的全球范围品牌管理者负责保持莱卡品牌的统一性和整合性（Aaker and Joachimathales，1999）。

四、全球人力资源管理

人力资源管理是管理人的职能部门，最容易受到各国文化或习惯等的影响。所以说人力资源管理的好坏对于跨国企业的成功是极其关键的。人力资源管理的范围包括招聘、配置、评估、人才开发、薪酬设计等。对于全球人力资源管理的讨论就是从上述职能的国际视角来进行考量。

全球人力资源管理的重要性随着企业国际化程度的不断深化而越来越大。出口阶段，人力资源管理还不重要，因为此时仅与国内外的代理商打交道，交易在母国即可完成，与海外市场没有人力资源方面的接触。只有进入海外直接投资、设立海外子公司、开始雇用当地员工时，对于当地人才的管理才开始成为问题。随着海外营销、海外当地生产、海外研究开发等职能全面进入国际化之后，对于海外分支机构的人才管理变得越来越复杂。

转移到海外据点的高附加值环节越多，越需要通过管理激发当地员工的热情、培养其能力。这时本地雇用的员工与母国派来的海外派驻人员的关系也开始发生微妙的变化，海外派驻人员负有普及总部企业文化和经营理念的责任，而当地雇用的员工希望确保工作方式的自由。

这些仅仅是全球人力资源管理问题的一个部分，随着企业跨国经营的推进，本土化不再发挥作用，进入全球网络的经营阶段，这时海外子公司的员工发挥更大的战略性作用。此时再区分总部派驻人员和当地雇用员工的意义已经不大。虽然是子公司，但是要求其发挥总公司一些作用的情况也会出现。这时当然要求子公司的员工也要有全局性视野来开展工作。

这时，不管是总部还是子公司，要求管理者具备世界公民思维来考虑全公司层面的问题。当地的管理者还像以前那样仅仅考虑本国业务是不够的，总部派来的派驻人员仅仅向当地传达总部意向，向总部汇报当地的信息，像信息中介那样工作也是不够的。

人力资源管理政策也会随着企业整体采取的跨国战略而不同。比如在世界市场提供标准产品的全球战略的企业，会更多的从总部派遣海外派驻员，指挥海外子公司按照总部的指令进行运营。反之，重视当地适应的多国战略企业，不会大量派遣派驻人员，而是更多的从当地雇用精通本土情况的员工。这样两种战略，当然会导致招聘、职位配置等人力资源政策的不同。

在从本部向海外子公司派遣派驻人员的情况下，能够将总部的想法带到海外子公司，通过派驻人员能够将源于本国的企业文化普及到海外子公司。但是，这种模式不利于从海外当地学习和吸收本土知识。不能够分权给当地子公司的话，也不利于激发当地员工的热情。这种模式被称为本国志向型（Ethnocetric）。

反之，如果各个子公司没有统一的人力资源战略，独立进行人员的招聘、配置，会损害跨国公司整体战略的统一性。这样的话，全世界员工之间的那种作为同一个企业职员的一体感是不能形成的。这样就不能利用跨国企业本来具备的在世界范围内的共享知识和技术能力。这被称为当地志向型（Polycentric）。

最近，为了避免上述两种类型的极端化，综合其优点的模式也出现了，被称为世界志向型（Geocentric）。

不管哪种类型的企业对于选择海外派驻人员，应当从此人的适应性、能力、意愿等方面进行综合测评。员工进入企业之前有没有海外学习或工作的经验、对于海外事物的关注程度，都是重要的判断基准，外语能力当然也很重要，不过不能仅仅因为该员工会说当地语言就派遣过去。

同样，也不能因为该员工仅精通此项要转移到海外的业务就派遣过去，这也不是十分合适。因为，很好的在海外执行某项职能除了职业技能之外，还需要对当地的文化和习惯非常了解，能够很健康的在当地生活也是必要条件。所以，海外派驻人员的选择，最少也应该留意以下几项问题：

- 候选人员过去（包括进公司前）的海外经历
- 候选人员对于海外工作的意愿
- 候选人员在海外工作的能力和适应性
- 候选人员的外语能力
- 候选人员的实务能力，尤其是对在海外要负责的职务的熟练程度
- 候选者的生活环境，比如健康状况、家族成员状况等

在此基础上逐步缩小候选人员的范围，一旦决定人选以后，到实际派出期间，需要进行充分的准备工作。不但是对工作上的准备，还包括对本人和其家族成员在海外当地生活上要有充足的准备。如果不进行这些方面的准备，长远来看，可能会给公司带来巨大的成本。本人及其家族成员在当地不能很好的进行跨文化适应的话，会比工作上的困难更容易导致海外派驻的失败（Adler 1991）。

还有重要的一点是，海外派驻人员回国后的再适应问题。谁都会认为前往不熟悉的海外任职会有一些不安，所以会积极做一些准备工作。反之，回国时很多人以为是从海外回到自己熟悉的祖国，自信满满的以为会很快适应重回祖国的生活。

但是实际是，归国后碰到这样或那样的问题（Adler 1991）。有人将海外的工作经验应用到在祖国的工作时，却不容易被接受。或者从一开始就认为海外与母国有很大的区别，不去尝试将海外学到的知识和技术、经验等活用到母国工作

中。后者会更容易被母国的员工所接受，但是，好不容易在海外获得的知识，不能带回国内进行适用，对于跨国企业来说是一种损失。

所以，对于海外派驻人员，不单是在派驻之前进行相关的训练和准备，而在从派遣前到派遣归国之后，整个过程都要有各方面的培训，也是极其重要的。

第四章　国际企业管理组织论

第一节　多样环境下的组织对应

跨国企业在超越国境的多样环境里进行经营活动，面对各国不同的环境，跨国公司通过战略、组织上的适应来确保被当地政府、顾客、供应商、流通渠道等所接受。这种当地适应的理论，不单是对于当地顾客的嗜好和政府的要求进行回应这样的需求问题，还包括确保能够获取当地特有的资源，比如信息、知识、技术、人才等，也就是供给的问题。

但是，跨国公司处于多样的环境中，各种环境的要求并不一定是一致的，甚至是相互矛盾的情况更多，这被称为分化（Differentiation）的压力。

为了保持一个企业整体的一贯性，需要将这些分散的做法进行内在的统合，战略性的追求规模经济、范围经济来实现效率，通过全球范围知识与经验的共有来促进学习，这被称为统合（Integration）的压力。

同时达到适应海外当地市场和实现跨国企业内部统合是非常困难的事情，在这一点上做得优秀的企业往往带来更高的业绩（Nohria and Ghoshal，1993）。

根据组织理论中的环境适应理论，复杂组织为了适应多样化的外部环境，将组织各部门进行分割，以各个部门为单位进行所属行业的环境适应。而且，企业设立用来统合全体事业部或者职能的部门，这样会带来企业业绩的提升（Lawrence and Lorsch，1967）。

跨国企业如果能够适应各国、各地区的不同外部环境和统合企业全体战略时，企业的业绩更好（Nohria and Ghoshal，1993）。

而且，跨国企业面临的环境是不断变化的。对当地环境的适应也不能是静态的适应（Static Fit），而是要求跨国企业时刻进行适合环境变化的动态性适应

（Dynamic Fit）。同时还要进行统合机制的变化。也就是说，不断的柔性的进行调整对于跨国企业来说是非常必要的。

一、环境、战略和组织构造：跨国企业组织的发展阶段模型

1. Chandler 的理论

美国企业经营史学家 Chandler 对美国大型企业的历史发展过程进行了深入的调查，在其所写的名著《战略与结构》中，提出了关于战略与组织结构关系的理论（Chandler，1962）。基本结论有以下三点：

第一，组织架构设计服从于战略（组织架构随着企业的成长战略而改变，战略决定组织架构）。

第二，美国企业的组织形式变迁，存在一个阶段性的发展顺序，即美国的大企业基本上经历从单一职能制发展到职能部门制，再到事业部制的这样三个历史阶段。

第三，企业组织架构如果不是变得非常没有效率，一般不会发生变化，组织构造的变化一般是企业面临危机时才会发生。因为战略制定者和组织变革者是两种不同类型的人。

以 Chandler 的理论为基础，战略论、组织理论领域出现了大量的实证研究。这些理论被进一步深入的讨论和发展，变得更加精确和综合，跨国企业研究领域也不例外。

2. Fouraker 和 Stopford 对 Chandler 理论的实证和应用

Fouraker 和 Stopford（1968）将 Chandler 的理论进行应用，对跨国企业的战略与组织关系进行了实证研究。

Chandler 将企业发展过程分成了三个阶段：

第一阶段模式，依托于企业所有者个人的关注事项和其能力，通常是单一的产品线或者单一的职能，即企业家类型的组织架构形式。

第二阶段模式，是一种垂直统合型的，根据职能进行管理活动调整的组织架构形式。依然是限定在少数的产品线，经营资源和各职能的活动进行集权式的调整。导致少数几个管理者的管理负担过重，为了克服这个问题，第三阶段的模式出现。

第三阶段模式，产品线多元化，需要分别应对各个产品线所特有的问题的组织架构形式。部分管理者会选择第二种模式，选择在精简的少数行业里进行经营活动，且主要在国内开展各项业务。另一部分管理者则选择第三种模式，不断培养有能力的管理人才，希望进行多元化的发展。

Fouraker 和 Stopford 认为，国际化的企业也经历同样类似的发展阶段和模式。

即企业还没进行太多的跨国经营时，仅仅安排一两个员工去负责海外事务，随着海外市场的成长，为了更好的利用海外的各种商业机会，会扩充国际业务部的规模，之后随着海外业务的继续扩大，会更进一步废除国际业务部，搭建起全球产品事业部组织架构，并改组为矩阵架构等，这时需要具备国际视野的综合管理者，具备这样条件的组织架构形式往往是 Chandler 所提出的成功培养出了有能力的综合管理者的第三阶段组织架构模式。

哈佛大学的跨国企业研究项目对欧美企业的国际化战略和组织构造的关系进行了大量的实证研究。

3. Stopford 等人的调查

Stopford 等人以财富 500 强名单里的美国企业作为研究样本，经研究得出，如果企业的战略相同，则会选择同样组织架构模式的结论。

第一个结论是进行了国际业务部的创设。一开始，企业的海外业务还处于非常弱小的阶段，此时海外子公司还不具备大的实力，总部对于海外的子公司也不会有大的控制和要求（见图 4 - 1）。

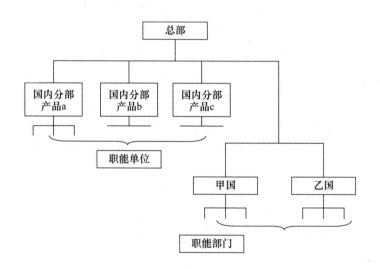

图 4 - 1　自立的海外子公司阶段

资料来源：作者整理制作。

随着国际化的继续推进，企业在事业部制组织架构里增加国际业务部。也就是将国内业务和国际业务的管理进行分离（见图 4 - 2）。

这样虽然还是优先发展国内业务，但是也开始关注海外业务。同时将分散在各个事业部内较小的海外业务集中到国际业务部，整合成较大的营业部。将海外业务的运营全部交给国际业务部负责管理，使企业高层管理者的管理范围得以变小，减轻其负担。在国际业务部也培养了一批具有国际经验的经营管理人才（Galbraith and Nathanson，1978）。

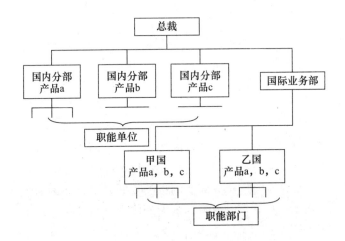

图 4-2 国际业务部阶段

资料来源：作者整理制作。

Stopford 等人的研究还发现，采用职能部组织架构或者国际事业部架构的企业，其产品多元化在 10% 以内，国外销售比重在 50% 以内。超过以上两点中的某一点或者两点全部超过时，企业会选择新的组织架构形态。根据采取的是通过增加海外销售额推动企业成长的战略，还是通过在世界范围内推进产品多元化来推动企业成长战略，企业组织架构模式也会变得不同。

第二个结论是放弃了国际业务部和新组织架构模式（进入全球产品构造或者全球地区构造）。根据不同的国际成长战略，选择不一样的新组织架构，即将多元化的国内产品线拓展到世界范围的企业，往往选择全球产品事业部制。只将国内部分主要产品向海外拓展的企业，往往会选择全球地区组织架构模式。

这两种方式都意味着废除国际业务部。如果海外的多元化比重越来越高，导致国际业务部这一单一的组织架构将不再有足够的能力管理产品的多样性，所以，国际业务部被废除，企业进入全球产品事业部模式。这是因为，随着拓展到海外的业务或产品的范围逐渐扩大，国际业务部不再能够应对多个不同产品，在多个不同国家或地区的生产和销售，这时需要以产品为单位进行组织架构调整。

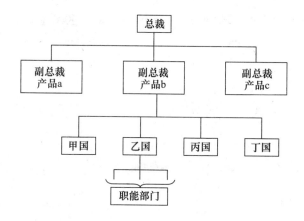

图 4 - 3 全球产品事业部组织架构

资料来源: 作者整理制作。

另一种企业在海外不是进行产品的多元化, 而是通过将国内的少数主力产品推广到全球的企业, 在废除国际业务部之后, 进入全球地区组织架构模式。当国际业务部的规模扩大到与国内最大的事业部同等大小时, 国内的各事业部联合起来, 要求分割国际业务部, 新组建全球地区事业部组织架构, 如图 4 - 4 所示。

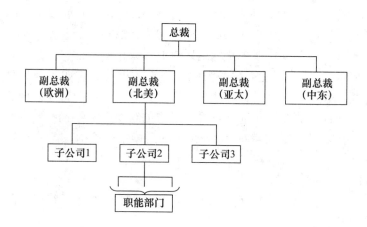

图 4 - 4 全球地区事业部组织架构

资料来源: 作者整理制作。

因为在海外多元化比重较高时, 国际业务部这一单一的组织架构不再能够很好的管理多样性, 所以会废除国际业务部和新采用全球产品事业部组织架构。企业如果以主力业务进行国际化时, 为了追求主力业务的地域性扩展, 为了不给经营管理者增加过重的负担，组织架构会走向全球地区事业部，如图 4-5 所示（Stopford，1968；Stopford and Wells，1972；Galbraith and Nathanson，1978）。

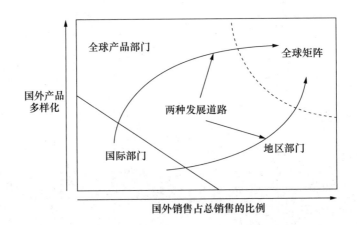

图 4-5　Stopford and Wells 提出的发展阶段模式

资料来源：Stopford and Wells（1972）。

　　Stopford 等人的研究，总结出了几个很有趣的趋势。例如，国外的营业额比重较高时，多数企业选择了全球地区事业部架构。当国际业务部的规模赶上总部最大一个事业部的规模时，企业开始解散国际业务部，走向全球地区事业部架构。国外的产品多元化程度超过 10%，国外营业额占比超过 50% 时，多数企业进入了全球产品事业部架构或者全球地区事业部架构。

　　Stopford 等也对未来可能采取的组织架构模式进行了说明，即当全球产品事业部组织架构的企业在国外的销售比重提升，或者全球地区事业部构造企业的多元化进一步推进时，未来的企业会选择什么样的组织架构形式？研究团队给出的答案是全球矩阵结构，如图 4-6 所示（本章后半部分会有关于全球矩阵结构的说明）。

　　4. Franko 的调查

　　Franko（1974；1976）对财富 500 强名单中的欧洲企业进行了战略和组织构造关系的实证研究。

　　Franko 将传统的欧洲型组织架构称为母女组织（Mother Daughter），对该组织架构模式的以下特征进行了重点关注。即职能部门的管理者和海外子公司的总经理直接向总部的 CEO 进行业务汇报。也就是说，是以人与人的接触、人的关系为基础进行控制的模式。与通过明文化的规章制度与手续为基准，进行数值化管理的美国式管理模式相比，欧洲企业会派遣基于个人信赖关系的员工到海外当

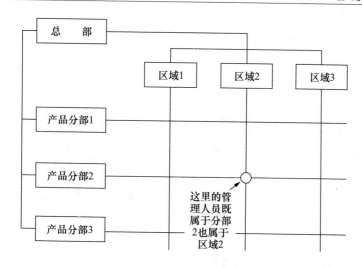

图4-6　全球矩阵组织架构

资料来源：作者整理制作。

地市场，将当地的经营管理委任给予 CEO 价值观相同的管理者。Edstrom 和 Gal-braith（1977）认为这种做法是依靠海外派驻人员去海外普及总部价值观，是一种通过企业文化对海外子公司进行控制与管理的机制。但是，在欧洲特别是20世纪70年代以后，这种母女组织架构快速的减少，背后的原因是随着欧洲内外企业竞争的加剧，之前的那种依靠个人关系性的模式已经不再适用，多数企业改变为事业部组织架构。这也是一种随着竞争的加剧，企业战略发生变化，相对应的企业组织架构也随企业战略的调整而变化的例子。

上面对 Stopford 等基于美国企业的研究，以及 Franko 等基于欧洲企业的研究进行了概括。能够看出美国和欧洲企业在追随国际化战略而做出的组织架构有很大的不同。两者的不同在于，在国际化发展过程中，美国企业大多先会经历国际业务部这一组织架构阶段，再走向全球产品事业部、全球地区事业部、全球矩阵等组织架构模式。而欧洲企业多数不经过国际业务部这一阶段，直接走向全球组织构造。

二、不断进化的跨国企业组织模式

本节主要对于根据环境、战略的变化，企业组织架构也发生变化的过程以及跨国企业组织架构模式的发展阶段等问题进行了总结。再对目前组织架构的状态进行说明。当然，企业组织架构的理想状态，即使在今天也还处于不断变化的过程之中，之前 Stopford 等描述的跨国企业组织架构具备的要素，在今天的跨国企业里也存在。下面对于今天的跨国企业在多样化的环境中具备一些什么样的特征进行总结。

1. 全球矩阵组织模式

本节所提到的全球地区事业部制或全球产品事业部制的组织架构都是跨国企业在其组织形态进化过程中，从国际业务部跨越到的一个新阶段。不过，这几种形态都是对跨国经营复杂性的简化，现实中跨国企业的组织架构是更加复杂的。

如果企业单纯强调以地区来划分组织架构，那么随着在各个地区产品多元化的推进，企业不再能够适应复杂多样的产品市场。在同一地区市场内部的多个产品之间也会产生利益对立的问题。

而采取了全球产品事业部架构的企业，因为某事业部掌握着与该产品相关的全球范围内所有业务，所以有时难以应对所有国家或地区的市场需求，需要分别对各国进行细致的当地适应时，欠缺对于当地市场特殊知识的理解，而且依靠单独一个事业部对全球范围的市场进行支援的力量是不足的。

也就是说，前者是过度进行当地适应的组织形式，后者是过度进行全球统合与标准化的组织形式。

为了应对上述两种模式不可避免出现的这些问题，有些企业导入了全球矩阵架构模式以解决这些问题，这是一种从地区和产品两个维度分别进行管理的组织架构模式（见图 4-6）。

在这种模式下，各个产品事业部不能单独进行决策。时常需要与负责地区的事业部门进行配合才能做出决策。各级人员都有两个上司，需要向两人进行汇报工作。两个上司之间因为所代表的利益不同，时常会出现意见的不同，这时，需要做出超越产品事业部与地区事业部的对策，进行对于整个企业有利的决策。中层和基层管理者都需要持有很强的专业性和意志。

全球矩阵架构的优势，可以实现两个维度均衡的管理，有可能实现全公司的整体性利益，而不是单个事业部或者地区的局部利益。

全球矩阵模式的劣势，企业管理成本变大，组织内部存在冲突，时常处于不安定的状态。内部的员工时常面临很大的压力，也容易产生难以决策的情形。

ABB 公司是选择全球矩阵架构的代表性企业。ABB 公司为了平衡"大型且小规模"、"全球化且当地适应"、"集权与分权"这三对矛盾，采取了全球矩阵组织架构。地区与产品进行利害的调整是非常困难的事情，ABB 通过强大的高层管理的愿景和向心力使得组织整体不会崩塌，但是这种内含矛盾的体系，即使是ABB 这样的优秀企业也不是那么容易就能进行对该组织架构模式的维持。

2. 作为差异化统合网络的跨国企业

以全球矩阵构造为代表的跨国企业组织构造的特征，可以用"差异化的统合网络"跨国企业来进行总结。

跨国企业需要不断的促进差异化，进行全球统合。企业所面临的进行差异化或进行统合的压力是不一样的。作为一般论来说，日本企业（以及美国企业）多数优先选择与母国或者总部保持一贯性的统合。反之，欧洲企业更多选择根据海外市场的特征进行当地适应（Bartlett and Ghoshal，1989）。

　　能够均衡的在差异化和全球统合这两个方面实现平衡的系统，被称为差异化统合网络（Differentiated Network）（Nohria and Ghoshal，1997）。

　　跨国企业归属于相互矛盾的多个社区网络中。第一个社区网络是跨国公司总部所在地，即母国。跨国企业在世界范围内开展各项活动时，一定受到其母国经营环境（政治、经济、法律、技术、文化、商业习惯等）的影响。第二个社区网络是跨国公司在海外开展业务的当地国家。跨国企业在受到母国经营环境强烈影响的同时，肯定还受到海外市场经营环境的影响。第三个社区网络是企业作为一个整体的内部社区。像ABB、雀巢等为代表的企业，跨国公司自身也创造出了独特且很强的企业文化，这种企业文化使企业在全球范围进行经营活动时也能产生较强的向心力。

第二节　控制跨国公司

一、跨国企业和控制

　　为什么对跨国企业的控制非常重要？因为跨国企业面临着多样化的外部环境，各种不同环境会产生不同的要求，使得跨国公司面临一些分裂。所以，为了保持组织的一贯性，创造出一种对跨国企业进行控制的统合机制是非常必要的。

　　统合的机制分为正式机制和非正式机制，两种机制都非常重要。

　　正式机制。通过规则化、手册化等方式使得事情的处理方式、决策方法等得以常规化的机制。也被称为标准化（Standardization）或者形式化（Formalization）。

　　非正式机制。通过人脉关系或者文化机制来影响事情处理的方式或者进行决策的机制。非正式的人的集合或交流能够促进理念的共有，全体员工通过理念或者价值观的共有能够影响人们的行为，这样不需要直接控制职员的行为，也能产生良好的绩效。

　　采取全球矩阵构造等复杂组织构造的企业，对于这两种机制都有需求。一方面对于企业组织自身的作用和职能是什么需要有明确的规定，另一方面企业组织处于相矛盾的地区事业部和产品事业部这两个分工方式之间，让每个员工根据自己的判断进行独自决策和行动。这时，如果企业的理念和价值观等已经在员工之间被深入的理解和接受的话，员工自身的判断对于企业来说也是有利的，通过企业文化进行控制的意义就在于此。海外派驻人员通过文化来进行对跨国企业的海外子公司的控制，有时也是行得通的（Edstrom and Galbraith，1977）。

二、跨国企业控制相关研究

在此对研究控制跨国企业相关机制的一些代表性学术研究成果进行介绍。

Baliga 和 Jaeger（1984）认为控制系统和研究企业权限是集中还是下放问题，对于地理上分散的跨国企业组织来说，是非常重要的课题。Fayerweather（1978）也认为跨国公司因为具备复杂性、异质性、安定性，有时甚至还有敌对性，所以控制问题更加重要。那么对跨国企业的控制和决策是如何实行的呢？

对于组织的控制机制，有很多从不同角度所进行的分类。控制是指组织为了达成其目标，对各类从事的活动进行规定（Child，1973；Tannenbaum，1968）。对于控制的手法，也进行了很多的分类。

Ouchi（1977）提出了对行动（Behavior）和成果（Output）这两大类进行监控的方式。行动监控又被称为输出控制，是对个人的行为直接进行规制的方法。而成果监控不是对行动直接进行监控，而是对于行动结果、成绩进行评价的方法。

同样，Mintzberg（1973）提出了 Personal Control System 和 Bureaucratic Control System 的区别。Edstrom 和 Galbraith（1977）追加了第三个控制系统，称为 Control by Socialization，指出人们通过交流来对价值观和理念施加影响，这也会影响到行动，是一种非正式的机制。这里面与跨国企业相关联的知识点是，跨国企业向海外派遣人员，是进行文化控制的一种手段。

Baliga 和 Jaeger（1984）也将控制分为了 Cultural Control 和 Bureaucratic Control。Bureaucratic Control 是指遵从公式化、明文化的规则进行行动或者成果管理的控制方式（Etzioni，1980）。相对应的，Cultural Control 是指更加非公式化的手段，通过向组织的全体成员灌输共同的价值观、理念等，促使导员工做出合适行动的控制方式。这种理解类似于 Theory Z 理论（Ouchi，1981；Peters and Waterman，1982）。

根据 Baliga 和 Jaeger（1984）的分类，这些控制方式的特征，如表 4 - 1 所示。

表 4 − 1　控制的种类

控制的目的	控制的类型	
	Bureaucratic Control/Formalized Congrol	Cultural Control
成果（Output）	正式的绩效报告	绩效相关的共有的价值观
行动（Behavior）	行动操作指南手册	管理上共有的哲学

资料来源：Baliga and Jaeger（1984）。

第五章 全球统合与当地适应理论

第一节 跨国公司的集权分权理论

跨国企业的管理随时面临着集权或者分权的压力。这里所指的集权是指主要的决策由总部完成，而分权是指决策委托给海外子公司进行。

根据 Martinez 和 Jarillo（1989）的分析，企业进行集权决策主要是因为以下理由：

- 需要全球视野对企业的经营资源进行获取和分配
- 需要获得全球规模的数据，并进行管理
- 生产合理化、效率化的需要
- 总部的专业性高，不适合对海外放权的时候
- 总部集中决策才能取得规模、范围经济性的时候
- 总部与海外子公司存在利益冲突的时候
- 对于战略敏感领域进行决策的时候
- 海外子公司经验不足的情况

而企业进行分权决策的主要原因包括以下几点：

- 海外子公司独立志向很高的时候
- 必须要当地做出迅速决策的时候
- 当地的知识对于企业非常重要的情况
- （生产等职能）集中管理的成本很高的情况

- 鼓励进行当地决策的情况
- 需要雇用当地有能力的员工的时候
- 来自当地所在国政府的压力很大的情况
- 当地子公司规模大、经验丰富的情况

同样的，Young，Hood 和 Hamill（1985）对于跨国企业的母公司与子公司间的集权与分权的趋势，从过去的文献或者实证研究中得出了以下的结论：

- 从国家来看，美国企业集权度比其他国家的跨国企业高
- 总部对拥有100%所有权的子公司的集权程度高
- 随着时间推移，跨国企业集权度降低
- 对 Green field 投资而建设的子公司比收购来的子公司的集权控制程度高
- 规模大的子公司比规模小的子公司的自由度大
- 特定产业（比如化学、机械、电子工学等）比其他产业（比如食品、造纸等）的集权度高
- 采用地区结构组织架构的跨国企业比采用职能、产品、矩阵组织结构的跨国企业集权度低

当然，这些趋势都是一些大致的倾向，是对过往文献或者实证研究等进行的简单的总结。

第二节　全球统合与当地适应的框架（I－R分析）

一、局限性

这样进行集权或者分权的压力，主要是跨国公司的母公司与其子公司之间进行决策时的权限在谁一方相关的讨论。与此类似的概念还有全球统合与当地适应。这组概念是比集权与分权更加广泛的战略性概念。

全球统合是指企业的运营通过在全球范围内实行标准化，来追求规模经济性，是基于追求效率的理论。当地适应是指对于当地政府的请求、当地法规等的限制、当地市场的需求等一些当地的特殊性进行适应的理论。

一般来说，会认为这两者是只能选择一方的矛盾关系。但跨国企业管理的实际

却并不是那种矛盾关系，因为企业既要在全球市场竞争，又得参与到各个当地市场的激烈竞争中去，所以仅仅重视某一方面的理论，并不能在竞争中取得好的绩效。在国际上与超级大企业竞争时，需要最大限度地发挥全球统合的优势，另外，在某个当地市场需要发挥当地适应的优势来细致的应对本地特有的需求。

产品开发战略也同样如此，是选择投放全球标准化的产品还是符合当地特有需求的产品，不应该是二选一的矛盾关系，应当同时追求这两种战略的最优化。

客户也是在高度国际化的情况下，既要考虑实施全球统合型的市场营销，以保持企业产品定位与品牌的一致性，同时也应当考虑各国特有的流通渠道、定价行为、广告推广等习惯。

生产和原材料的调配方面，将多个国家的运营进行统合，追求规模经济性，或者追求全球范围内低成本的劳动力和材料调配的好处更多，但是，因为地方保护主义、运输成本高等问题的存在，也不得不考虑进行当地适应（Humes，1993）。

二、Prahalad 和 Doz 的 I – R 分析框架

Prahalad（1975）、Doz（1976）等关注了跨国企业管理中的政治要求（当地适应）和经济要求（全球统合），认为这两者不是二律背反的关系，而是完全不同的问题。Prahalad 和 Doz（1987）认为跨国且多元化企业的高层管理人员最重要的工作内容就是要时刻从政治、经济、组织各个领域的不同力量的角度中选择更适合且能够实施的战略。他们往往从经济方面考虑而走向全球统合，从政治方面考虑而走向当地适应。全球统合（I）与当地适应（R）组成了 I – R 网格这个框架，如图 5 – 1 所示。

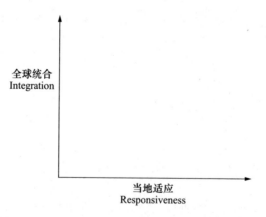

图 5 – 1　I – R 框架

资料来源：作者整理制作。

进行全球统合或者当地适应的压力，受到业务的特性和战略定位的影响。业务（Business）主要有全球业务（Global Business）、当地适应型业务（Locally Responsive Business），以及受到双方压力的多焦业务（Multifocal Business）。

战略定位的不同，主要是产品聚焦导致向全球统合战略方向，地域聚焦导致走向当地适应的战略方向，同时考虑两种方向的战略被称为多焦战略（Multifocal Strategy），为了与此战略相匹配，需要多焦组织（Multifocal Organization）。

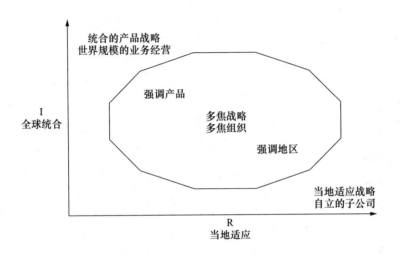

图5-2 多焦理论

资料来源：Prahalad and Doz（1987）。

比如酒店行业，正在以很快的速度进行着国际化。很多大的连锁酒店在世界范围内构建其影响力，在全球任何地方都能提供标准化的设施和服务水准，客人能够在不熟悉的国度也享受到熟悉的住宿服务。

但是，连锁酒店单纯在世界范围内构建影响力还不够，需要的是在维持全球标准的服务水平的同时，还需要尊重当地各个国家不同的文化、习惯、传统、价值观等，也就是进行当地适应。

三、I-R框架分析

进入20世纪80年代以来，I-R框架成为了分析国际化战略的有效的分析框架。Bartelett（1986）和Ghoshal（1987）使用全球统合、当地适应的二元框架，从产业、企业、职能、任务等不同层级角度出发，进行了分析（见图5-3）。

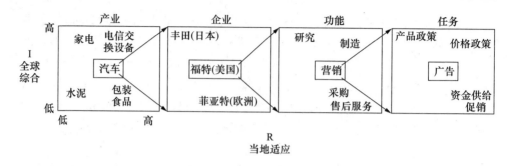

图 5 - 3　I - R 分析框架的多层次性

资料来源：Ghoshal（1987）。

按照此分析框架理论，根据产业特征的不同，比如，家电产业是一种全球统合度高，当地适应度低的产业，而食品则是当地适应度高，而全球统合度低的产业。汽车产业大概处于中间位置，电信产业在两个维度上都很高。水泥产业则在两个维度都处于较低水平。

以上是根据产业特征所总结的 I - R 位置。如果进一步分析会发现，任何一个产业内部，根据不同企业来看，其进行全球统合或当地适应的倾向程度也不一样。比如在汽车产业里，丰田汽车的全球统合倾向很高，而当地适应度低，反之，菲亚特汽车的当地适应倾向最高，而全球统合度较低。福特汽车处于中间位置。

这种趋势也反映了企业总部所在国家的特征。即（以丰田为代表的）日本企业表现出高的全球统合度而当地适应度较低；（以菲亚特为代表的）欧洲企业非常重视当地适应而全球统合的程度较低；（以福特为代表的）美国企业在这两个维度上表现的不如日本企业和欧洲企业那么显著。

如果更进一步分析同一家企业的各个不同的职能部门，会发现根据职能的不同，I - R 的程度也不一样。比如福特汽车的 R&D 研究开发部门特别是基础研究表现出很强的全球统合倾向，从应用性开发、生产制造、市场营销到售后服务，则逐渐对于当地适应的要求更高。

在同一个职能部门的内部，如果负责不同的任务，其 I - R 框架中所处的位置也不一样。比如同样的市场营销部门，产品政策任务最讲究全球统合，接下来宣传、广告、预算等任务的当地适应度逐渐增加，促销是最重视当地适应而最不重视全球统合的任务。

像上面那样，看待跨国企业的全球统合、当地适应程度时，从产业、企业、职能、任务等不同层次去分析，能够得到更准确的分析结果。这样的话，能够提供一个很有效的工具来避免很短视的一些见解，比如认为某些产业一定是怎样的，某个企业一定是怎样等的看法。当然，这些也仅仅是分析的工具，不能称之为理论（Bartlett and Ghoshal，1989）。

四、从静态分析向动态分析的发展

Prahalad 和 Doz（1987）也利用 I－R 分析对某些产业或某些职能的全球统合以及当地适应度进行了分析，但他们没有停留在对产业特征等进行静态的分析，还对全球统合和当地适应度是否随着时间的变化而变化进行了动态的分析。比如，某些产业之前当地适应的倾向很强，但是如今进行全球统合的必要性越来越大等。同样地对于每个职能以前与现在的 I－R 程度的变迁进行了分析。

这种动态分析提出了，理解某些产业或者职能的全球统合度以及当地适应度有多高，抛弃固有观念，重新对现状进行再度匹配是非常重要的。

比如，以东京迪斯尼乐园为例，可以看出其 I－R 位置的变化。迪斯尼乐园是以米老鼠、唐老鸭等卡通形象为概念的来自美国的主题乐园。1983 年开业的东京迪士尼乐园的概念是基本完全复制的美国迪斯尼乐园。从 I－R 角度分析，能够算得上是全球统合度（I）非常高的。

经过约 20 年发展，2001 年，东京迪斯尼边上的海洋乐园开业，海洋乐园的概念并不是来自美国总部，而是日本原创，当初美国总部希望将这第二个主题公园设计成电影主题公园，但是日本方面认为，日本是海洋国家，而且公园所在的地方最初是填海造田而来，坚持应该做成海洋概念的主题公园。从 I－R 角度看，当地适应 R 变得非常高了。

经过动态的 I－R 程度的调整，美国迪斯尼式的娱乐文化终于在日本真正实现了落地，不过以一种更加适合日本的形式创造了一种崭新的主题公园概念。

五、从 I－R 框架看跨国企业管理的功能

I－R 框架是一种可以将跨国企业管理的各个层级活动进行对应便利的分析工具。不过，这个框架并不单纯是一个用来分析的道具，它对于考虑跨国企业管理的功能也是非常有效的。

Prahalad 和 Doz（1987）将管理的功能分为了战略性控制、战略性变化、战略性柔软度三种。

战略性控制。是指在 I－R 框架内为了实施特定的某个战略，明确的定义总部或者海外子公司的功能，并高效的实施。

有时需要最优先实施全球统合战略，有时当地适应战略会被有限执行。不管哪种战略，控制这些战略进入真正被实施阶段的能力是非常重要的。

战略性变化。是指重新审视现存的战略，并构建新战略，以及相应的对总

部、子公司的功能重新定位。由于组织惯性的存在，被决定的战略和与战略相适应的组织架构形式是很难被变更的。如何能够迅速的根据内外部环境的变化匹配新战略，并对总部、海外子公司的关系和功能重新修正是成功的关键。要求跨国企业的管理者具备从战略和组织的两个层面进行 I-R 平衡的能力。

战略性柔软度。是指在既定的整体战略中，不断的对 I-R 平衡进行调整，以充分利用全球统合与当地适应两边的优势。

为了充分发挥这些管理的功能，Prahalad 和 Doz 将管理分为数据管理、对管理人员进行管理、解决冲突三种。

数据管理。比如信息系统、评价系统、资源分配系统、战略规划、预算等。

对管理人员进行管理。比如选拔关键管理者、职业规划、薪酬系统、管理人员培养等。

解决冲突。决策权的分配、统合者、商务团队、调整委员会、任务小组、问题解决过程等。

第三节　全球统合与当地适应的类型

一、基于 I-R 的分类

上面几节对基于 I-R 网格的 I-R 分析框架进行了介绍，提出全球统合与当地适应并不是二律背反的矛盾关系，而应当是两者兼顾的问题。也从跨国企业各种不同层面的活动进行了 I-R 的对应。如 Bartlett 和 Ghoshal 所提的那样，根据产业的特征、企业的特征、职能的特征、更加细分的任务特征的不同，有各种不同的类型。

Prahalad 和 Doz 加入时间因素，通过其实证分析，提出同一家企业的同一个职能部门，随着时间的推移，其 I-R 倾向会发生变化的结论。

Bartlett（1986）也提出，从整体上来看，跨国企业在不断的努力同时满足全球统合与当地适应这两个同等重要的条件。他将全球统合度高而当地适应度低的组织称为全球组织，将当地适应度高而全球统合度低的组织称为多国组织，两个维度都高的组织称为跨国组织。

Bartlett 和 Ghoshal（1989）进一步进行体系化的整理，提出了全球、国际、多国、跨国四种类型。他们在 I-R 网格中的布局，如图 5-4 所示。

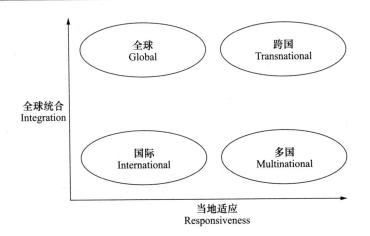

图 5 - 4　I - R 类型

资料来源：Bartlett and Ghoshal（1989）。

还从资产或能力的配置状况、海外经营的功能、知识开发与普及三个领域对各种类型的特征进行了定义（见表 5 - 1）。

表 5 - 1　多国公司、全球公司、国际公司、跨国公司的组织特征

组织特征	多国公司	全球公司	国际公司	跨国公司
资产和能力配置	分散化和各国自给自足	中央集权和全球规模	核心能力集中、其他能力分散	散布的，相互依赖和专门的
海外运营的角色	把握和开发当地机会	执行母公司战略	采用和发挥母公司能力	国家单元到综合世界范围运营的贡献区分
知识开发和扩散	知识在每个单元内被开发和保持	知识在中央被开发和保持	在中央知识开发传递到海外每个单元	知识联合开发并世界范围内共享

资料来源：Bartlett and Ghoshal（1989）。

全球公司：

- 资产和能力集中于本国，其成果在世界范围内活用
- 海外子公司忠实的执行母公司的战略
- 知识在中央被开发和保持

国际公司：

- 核心能力集中，而其他能力分散
- 海外子公司改造适用并活用母公司的能力
- 在中央知识开发并传递到海外每个单元

多国公司：

- 资产或能力是分散的，各国自给自足
- 海外子公司感知到当地的机会，并加以利用
- 知识在海外的各个单元内被开发和保持

跨国公司：

- 资产或能力分散且相互依存，各自的资产或能力也有其专业性
- 海外各单元分别是差异化的，对综合世界范围的整体运营做出贡献
- 知识是与总部或海外其他分公司共同联合开发并世界范围内共享

Bartlett 和 Ghoshal 对 9 家企业进行了分析，其中联合利华、飞利浦、ITT 属于多国公司，花王、松下电器、NEC 属于全球公司，P&G、GE、爱立信属于国际公司。从这个结果也可以看出哪些产业适合哪种类型。

比如，日用品产业，因为地域特性根据国家的不同而不同，所以当地适应度高的多国模式更加适合。家电产业为了实现全球规模的效率性而大多选择全球模式，电信产业适合国家间进行技术和知识转移的国际模式。此研究中，日用品的联合利华，家电的松下电器，电信的爱立信分别是其中的代表性企业。

这四种模式都有各自的长处与短处（Bartlett and Ghoshal, 1989；Hill, 2001）。

全球模式。能够发挥规模经济性，而且将高附加值的各环节集中到一个地区，能够很大程度上降低沟通和调整成本。反之，不能很好的应对各国不同的情况是其最大的弱点。

国际模式。总部拥有很强的能力和资源，将其转移到海外，使得不具备核心竞争力的海外子公司也能获取到总部所持有的强大的知识资源或技术，这一点是这一模式最大的好处。反之，因为海外子公司认为转移来的技术或者产品是"非本地发明"而进行抵抗，导致对海外子公司管理困难（Bartlett and Ghoshal, 1989），总部认为好的资源转移过来后与海外的状况不符，反而成为包袱

（Asakawa and Katoh，2003），企业整体上欠缺从海外获取并导入当地特有的优势的想法，以及海外适应度低是这一模式的缺点（Hill，2001）。

多国模式。最大的优点是对于各国固有的情况敏感的进行适应，以满足当地的需求。反之，这样做会导致世界各国子公司之间产生很多重复，变得非常没有效率。本来集中于某地进行运营的业务可以发挥规模经济性，提高效率，而采取这种模式，变得过度分散，对于企业来说是一种资源的浪费。

某些国家或者地区有好的做法和实践，即使它们可以被应用到其他地区，有时也不能被顺畅的移植过去。各地区的运营过度独立，导致本来是跨国公司优势的资源共享不能有效进行。

跨国模式。这种模式不是通过对实际的案例进行分析而总结出来的概念，而是综合了上述三种模式优势的一种创造出来的理想形态。所以，这种模式从理论上来看综合了所有模式的好处，规避了所有缺点。但是，实际上这种模式还没有实现过，构建这样的企业是极其困难的，或者说目前是不存在的，这是这种模式最大的缺点。

特别是现有的企业一般都能够被归类为上述三种模式中的某一种，但是这些企业如何才能升级为没有缺陷的跨国模式，并没有相应的办法。

这四种模式的组织架构，如图 5－5 所示。

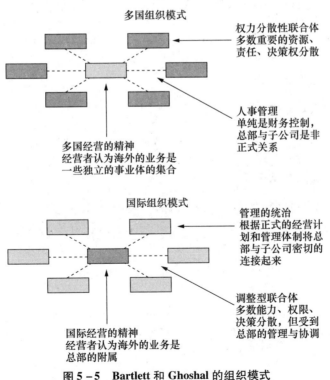

图 5－5　**Bartlett 和 Ghoshal 的组织模式**

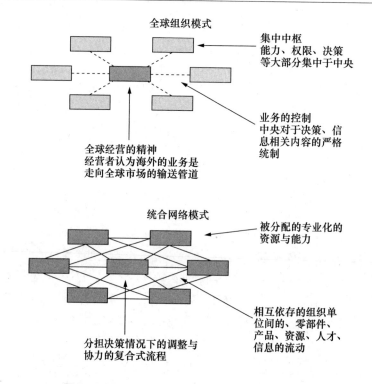

全球组织模式

集中中枢
能力、权限、决策
等大部分集中于中央

业务的控制
中央对于决策、信息相关内容的严格统制

全球经营的精神
经营者认为海外的业务是
走向全球市场的输送管道

统合网络模式

被分配的专业化的
资源与能力

相互依存的组织单
位间的、零部件、
产品、资源、人才、
信息的流动

分担决策情况下的调整与
协力的复合式流程

图 5-5　Bartlett 和 Ghoshal 的组织模式（续图）

资料来源：Bartlett and Ghoshal（1989）。

二、三种认知心态

这些类型的背后，存在对海外业务所特有的不同心理上的认知心态（Bartlett and Ghoshal，1989）。

1. 国际心态

国际化最早的时期，经营者将企业的海外运营仅仅看作一种支援性机构。这样的偏轻视的看法被称为国际心态（Mentality）。这种看法来自于国际产品周期理论，认为产品在发达国家被开发出来，随后在海外也开始销售。海外市场或者海外子公司所需要的技术以及知识也都由总部转移过去。

2. 多国心态

对海外业务经营多年以后，管理者最终会认识到海外的业务是其国内业务的延长，能够提供很好的商业机会。开始根据各国的不同情况，进行产品、战略、管理模式的柔性适应。

这时，海外的管理者以企业家的觉悟进行商业活动，推进本土化与当地适应。

3. 全球心态

因为各国分别适应的需要，导致企业整体的效率性不高，作为解决方案，产生将世界作为一个分析的整体单位进行考虑的全球心态思维。这种认知来源于认为各国的嗜好是类似的（Levitt，1983），即使有些不同也可以通过提供低成本高质量的产品获得好评这样的想法。

这样的类型划分与下面的 Perlmutter（1969）提出的 E－P－R－G 类型有些相通的地方，但是 Bartlett 和 Ghoshal 的类型论，更多的研究重心是跨国战略的定位。

三、Perlmutter 的 E－P－R－G 模型

第一章里也介绍过 Perlmutter 等的 E－P－R－G 模型，它与 Bartlett 和 Ghoshal 的类型论有很多共同之处，这里再次进行总结。这个模型最初是作为企业国际化志向的一个标准出现的，认为根据高层管理的经营志向是本国志向、当地志向、地域志向、世界志向可以判断出企业国际化的程度。

1. Ethnocentric（本国志向型）

总部主导进行主要的决策，海外子公司不被赋予重要的功能，仅仅执行总部所指示的任务，没有自主权。总部的做法、管理准则在海外推行适用，海外子公司的主要职位由总部派来的派驻人员担任，是一种本国中心主义的思考方法。这种想法与 Bartlett 和 Ghoshal 的类型论中的全球模式相当。

2. Polycentric（当地志向型）

海外当地的管理交给当地雇用的职员，子公司的运营交给当地子公司。海外子公司的主要职位选拔由当地员工担任，具有相对的独立性。但是财务和研究开发等重要的决策依然由总部主导。与 Bartlett 和 Ghoshal 的类型论中的多国模式相类似。

3. Reiocentric（地域志向型）

处于全球规模的经营与各国规模的经营的中间位置，这是一种地域规模的经营志向。分析企业面临的外部环境时，将相邻的多个国家作为一个地域进行考虑比单纯考虑某一个国家更加有效，以地域为单位决定生产地点、员工雇用、战略制定等。设立地域总部，下放地域相关的经营决策权。Bartlett 和 Ghoshal 的类型论里，不存在这样的类型。

4. Geocentric（世界志向型）

各个分支机构之间存在复杂的依附关系，总部与海外子公司是协调的关系。倾向于努力使用具有普遍性且符合当地的管理原则，人员的选拔也不仅仅选用总部派来的人员，而是从世界范围内选择最为优秀的人才，是真正全球化的企业。与 Bartlett 和 Ghoshal 的类型论中的跨国模式最为接近。

第六章　跨国创新与知识管理

第一节　全球规模的创新

企业为什么会在世界范围内进行创新呢？一方面，因为从世界各地能够获取到各种各样的创意等的经营资源，可以有效的补充自身的创新能力，也就是考虑供给的结果。另一方面，为了满足世界各地的不同需求，需要将各个职能，比如生产、研发等进行本土化，也就是考虑需求的结果。

考虑供给，也分为事前知道哪里有创新资源情况和不知道的情况。前者有计划的进行配置与调整即可，而后者还需要事先进行很广泛的对于创新资源的搜索。

搜索时，根据在何处有创新资源，哪些国家或地区的哪些资源更丰富等的知识，有计划的进行搜索一般可以找到资源。但是，有时候重要的创新资源往往存在于一些意想不到的地方，而且，如果不亲自去那些地方，就不能挖掘到有价值的创新资源。世界上创新的资源如何进行搜索和挖掘是跨国创新的重要挑战和机会。

一、创新的定义和种类

创新是指使用新的知识，向顾客提供新的产品或服务的行为，包括发明和将发明进行商业化（Freeman，1982；Afuah，1998）。所以不单是创造新的知识，只有将新知识进行有效的利用，转化为商业化的成果，才是真正的创新。

二、跨国创新的定义和类型

跨国创新是指在全球范围内进行创新。不仅在一个国家进行新型科学技术的发明以及产品化或者商业化，而是在世界范围内进行一部分或者全部的创新。

实际上，全球规模的创新有很多类型。有的是基础科学技术的发明和研究开发在本国进行，而产品化、商业化的部分在国际范围内开展；有的是从基础研发部分就开始国际化，并向全世界投放新产品。

Bartlett 和 Ghoshal 以及之后的 Nohria 和 Ghoshal 把跨国企业的创新流程分为了四个类型：Center for Global、Local for Local、Local for Global、Global for Global（Bartlett and Ghosha，1989；Nohria and Ghoshal，1997）。

1. Center for Global 型创新

感知创新机会的通常是总部，其应对也主要是总部，主要的资源和能力也集中于总部，海外子公司依存于总部的资源。总部与海外子公司之间的沟通非常的密切。

2. Local for Local 型创新

感知创新机会的多是海外子公司，进行应对的也主要是海外子公司，具体的创新过程也交给海外子公司。重要的资源和能力分散在海外子公司，海外子公司对总部没有依存关系。所以，海外子公司间的沟通非常紧密，子公司与总部间的沟通则不那么频繁。

3. Local for Global 型创新

感知到创新的潜在价值的是海外子公司，其应对也先在海外子公司展开。进入创新的执行阶段，最初在国家单位内进行，之后在世界范围内部门里进行。主要的资源和知识分散在海外子公司。海外子公司对于总部有很高的自律性，其他海外子公司之间的依存关系很强。海外子公司内部以及海外子公司之间的沟通密度非常高。

4. Global for Global 型创新

在世界各地感知到创新的潜在价值，快速的进行应对并进入执行阶段。主要的资源和能力分散在世界各地，而且不管是总部，还是海外子公司都是专业化且网络化的单元，是相互依赖的。海外子公司内部、海外子公司之间，以及海外子公司与总部之间的沟通都非常密切。

三、与跨国公司战略的关系

这些跨国创新的类型与跨国公司的战略密切相关。前面的章节提到过，跨国公司战略分为全球、国际、多国、跨国等（Bartlett and Ghoshal，1989）。本章所说的跨国创新战略与前述战略是一一对应的。因为各家企业都是根据整体企业战略制定创新领域的战略。

1. Center for Global 型创新

全球战略的企业多选择此类型创新模式。因为采用全球战略的企业通常最大限度的利用母国优势，进行国际业务扩张，其创新相关业务也倾向于将母国（Center）创造的知识和能力向海外转移并应用。这时，中心所开发的知识和能力应用是世界通用的（也就是将全世界当作单一市场的想法），极力避开当地适应。

2. Local for Local 型创新

这种创新模式一般被多国战略的跨国公司所采用。这种模式下，利用当地的资源开发适合当地的产品或服务。与其他国家没有相互依存的关系，所以，进行面向当地市场的本土型创新。

3. Local for Global 型创新

当地的创新被全球规模所使用的模式。此模式与国际战略相类似，实际上有一点不同。国际战略的企业的前提是知识从作为中心的总部向作为当地单元的海外子公司进行流动，没有想到海外当地子公司向总部进行知识回流这一点。

所以，Local for Global 型创新反而可以认为是跨国战略的第一步，因为跨国战略的企业，其各个单元（子公司等）拥有各自差异化的能力和资源，并向跨国企业的整体做出贡献。

4. Global for Global 型创新

多被跨国战略企业所采用。所有的跨国企业内各单元，都是实现了差异化的个体，并向其余全部的单元贡献知识和能力，这种企业在现实中还没有出现，可以理解成一种未来的理想形态。

四、Co‑location 及其界限

企业通常将产品开发集中于一定的地域或者母国，采取 Co‑location 战略（制造出总部开发的产品，投放到国内外市场）的情况较多。利用母国的相对优势，或者利用创新集聚与某地域的集聚效果，将开发和生产通过集中来发挥规模的经济性。

但是，这种 Co‑location 战略不一定总是能够发挥作用。因为即使总部拥有强大的资源，在世界范围内进行竞争时，仅仅依靠总部资源不一定是充分的。

美国的宝洁公司（P&G）在美国国内拥有强大的市场调查能力和品牌知名度，但是在 1980 年进入日本市场时并没有被日本消费者所接受，宝洁公司花费了十年以上的时间，不断从日本竞争对手以及日本消费者那里学习，并将其在日本市场学到知识和能力不断应用到全世界。

五、国际产品开发

快速且进行创新性的产品开发，并不是一件容易的事情。比其他企业以更快的速度向市场投放优秀的产品是企业的竞争优势。但是很多产业中，这样的新产品开发的竞争已经非常激烈，各公司都高度重视。即使一家企业率先将新的创意进行商品化取得大的成功，这样的创意被竞争对手模仿的情况也非常多。价格方面也因为各企业的低成本努力已经做得非常先进，再通过降低成本来使产品价格下降已经很难。

如何才能打破这样的状况？将创新的范围从国内拓展到世界范围，可能是一个解决的方法。创新创意的资源不仅在国内寻找，还通过优先追求世界范围内点状分布的各类型创新的资源，有可能获得很好的效果。

跨国规模的创新还能带来其他几个效果：第一，对于某产业里其母国并不具备很强竞争力的企业来说，可以通过世界范围的创新来补足自身产业竞争力的弱势。第二，即使其母国在该产业中具有很强的产业基础，但是该企业在国内的相对竞争力很弱的情况下，通过世界规模的创新，在世界市场上帮助企业构建起一定的竞争优势的情况也有可能出现。

第二节　跨国企业的知识管理

一、知识管理的时代

在此对知识的定义进行介绍。根据 Nonaka 的定义，知识是"被正当化的真信念"（Nonaka，1994）。Nonaka 认为"信息是消息的流动，而知识是通过信息的流动而创造出的东西"。Kogut 和 Zander（1992）也将知识分为了信息与经验。信息是即使发生转移其主要内容也不会损失的东西，如事实或命题等，而经验是指使得事物高效顺畅的得以执行的一种实践性的技能（Von Hipped，1988）。也有研究认为信息是指意味着什么（What），经验是指事情如何进行（How）。

二、知识转移：跨国公司存在的意义

这样的一些知识中，作为企业的竞争优势来源而受到很高的关注的是暗默知（Tacit Knowledge）。因为暗默知与可以简单的被理解并很容易转移的形式知（Explicit Knowledge）不一样，暗默知深深的根植于特定的某个地方的文脉（Context）之中，其价值与当地的文脉密切不可分割。所以暗默知有时候也被称为文脉知（Contextual Knowledge）。对于特定文脉的黏着性（Stickiness）很高，难以向别的文脉进行转移。

这样的一些埋藏于特定地点的文脉知、暗默知，想从外面进行接触并获取是很难的。不是当地的内部人员是很难知道这类知识存在于哪里，获取方法也难以明白，更不用说想将此类知识向海外进行转移了。当地特有的经验等，进行转移时也有可能将重要的部分损失掉。

跨国企业最大的优势就在于，可以将分散于世界各地的暗默知、形式知等通过其遍布全球的网络进行接续，并超越国境进行转移和共有（Kogut and Zander，1993）。不过想发挥跨国企业的优势，需要对于多个经营管理上的悖论进行有效应对。

跨国知识管理中，管理的悖论体现在哪里？第一，希望能够获取到根植于当地的创新来源，就需要给予当地子公司很高的权利，给它自律性，不过过度放权给海外子公司，会导致海外过度本土化，使总部进行统一调整的成本和难度上升。

第二，如何一边维持企业内部的暗默知，一边获取海外当地特有的暗默知。为了获取海外特有的暗默知，需要雇用大量的对当地有深刻了解的本土员工，而这样的员工很多会导致企业一贯性受损，那么将知识向企业内部单元进行转移时，会产生较大的障碍。

三、国际知识转移、变换的机制

什么样的国际知识转移机制是妥当的？为了分析这个问题，需要先明确，转移什么，如何转移，向哪里转移，通过谁进行转移等一系列问题。

第一，转移什么的问题。这里知识的类型非常重要。知识的类型分为包括经验做法等的暗默知和信息等形式知（Kogut and Zander，1992）。从知识的构造来看，有的知识是只对内部成员公开的闭锁性、排他性的，有的是开放式，谁都可以接触到的。

第二，如何进行知识转移。流程转移是指通过发送方与接收方之间的交流，进行转移。内容转移是指发送方与接收方没有交流也能够对形式等内容转移。前者是通过非正式化的交流而发生，后者则通过正式的书面化等形式发生。

第三，在哪里进行知识的结合。确定对知识进行结合的地点对于成功的进行知识转移会产生很大的影响。

一种方法是在发送知识的一方进行变化。也就是说，发送方对暗默知进行形式化，并传输到海外其他国家。另一种方法是知识在接收方进行变换。这种方法是拥有知识的一方前往需要利用知识的场所，在那里进行知识的形式化。还有一种方式是将知识在发送方和接收方的中间地点进行变换。这种方式下，发送方和接收方集中到一个中立的第三方地点，边相互交流边进行知识的传授。

第四，谁进行知识的转移。是通过大部分员工进行知识的共有，这是通过一部分的知识中介者或者知识保管者这样的关键人物，从发送方向接收方进行传授。后者在知识中介的情况下，不发生双方大多数人的相互交流，而是通过限定的一部分人将知识从发送方传输到接收方，接收方结合自身的文脉对收到的知识进行翻译，并进行活用。前者在社会化的知识转移下，则是知识发送方和接收方的各个构成人员多数都进行相互的交流，使得知识被传授。

这么多知识转移的方法，该以什么标准进行选择呢？一个标准是根据知识的类型。如果知识发送方相对于接收方，其发送的信息是更加形式化的知识时，选择什么样的转移方式都不会出大的问题。而发送方向接收方转移的是暗默知时，转移方法就变得非常重要。

另一个标准是知识确保和变化的矛盾关系。知识的类型是当地特有的、黏着型（Sticky）时，交由当地职员进行知识的吸收和确保是比较合理的方式。而当地的职员在向企业总部或者其他子公司的不同文化中的员工进行转移时，会感受到较大的困难。而总部派来的派驻人员超越国境进行知识的转移时不会感到困难，但是在获取和确保某一个地方的特有的知识时会比当地员工感到困难。

还有一个标准是这种知识的潜在用户在哪里，知识根据其潜在需求在哪里，需要进行相应的变换。如果知识的潜在用户与知识发送方处在相同的社会与文化环境下，没有必要进行转换。反之如果知识的潜在用户与知识的拥有者在文化或地理上的距离很远，就需要对暗默知进行标准化，以便于传输。

第三节 知识管理周期论

一、知识管理的周期

跨国企业对知识进行全球规模的转移和共享时，最有效的机制是什么？从知识管理的流程看，有三个主要的要素：它们是获取、融合、活用这三个阶段。如果进一步划分，可以分割为七个不同的阶段，如图6-1所示。

对于知识的连接，包含了对于重要知识的预知、认知、获得等几个过程。在这个阶段，企业对于自身应该在哪里获取什么样的知识了解的还不够深入的情况较多。这时广泛的非正式的相互作用显得非常重要。

对所获得的知识进行融合，是通过将新知识与现存旧知识进行结合，从而增强企业的竞争优势。在这个阶段，企业内部的相互作用非常重要。此阶段又包含专有和吸收两个内容。

对于知识进行有效的活用，才是知识管理的最终目的所在。为了达到这一目的，需要将新知识在企业内部进行储备和积累，并构建使员工能够自由使用的一种分配体制。

二、知识管理7A模型

7A是指Anticipation（预知）、Awareness（认知）、Access（获得）、Appropriation（专有）、Assimilation（吸收）、Accumulation（储备积累）、Allocation（分配）这七个步骤。下面进行简单的说明（见图6-1）。

图6-1　知识管理7A模型

资料来源：Doz et al.（1997）。

将知识分为跟能力相关的部分和跟市场相关的部分。7A适用于能力和市场这两个方面。

首先看与能力相关的7A：

Anticipation（预知）。预先感知到对于企业来说重要的知识和能力的源泉。

Awareness（认知）。认知到重要的知识和经验集聚并存在于世界的哪些地方。

Access（获得）。集聚地获取到重要的知识和经验。

Appropriation（专有）。将获取到的知识转化为自己企业独有的东西，企业内部进行转移，但是防止流出到其他企业。

Assimilation（吸收）。将获取到的知识和经验与企业现存的知识进行统合。

Accumulation（储备积累）。将统合好的知识和经验在企业内部进行储备和积累，为企业能力的提高做出贡献。

Allocation（分配）。为了更好的利用好企业内部存储的知识和经验，将其分配到企业的各个单元。

类似地，接下来分析与市场相关的7A：

Anticipation（预知）。预先感知到将来规模和魅力大的市场和需求在哪里。

Awareness（认知）。有效的理解世界各国市场需求的不同点。

Access（获得）。有效的评估世界各地市场的进入难易度，应对竞争对手设置的进入壁垒和当地市场的各种限制。

Appropriation（专有）。从世界市场迅速的学习到竞争对手没有意识到的知识，并变为企业独有的资源。

Assimilation（吸收）。将获取到的新的市场需求信息与企业现存的信息进行统合。

Accumulation（储备积累）。将统合好的有关市场的知识在企业内部进行储备和积累，最大化企业的能力。

Allocation（分配）。通过将一个市场的知识和经验，应用到其他市场，或者在多个市场进行学习，向企业各个部门或单元分配合适的市场需求信息，进行信息的活用。

第七章　跨国 R&D 管理

第一节　R&D 国际化的理论

本章对跨国 R&D 研究开发相关的理论和分析框架进行说明。

一、R&D 国际化程度

企业活动的国际化通常会经历一定的发展阶段（见第三章）。根据这样的观点，R&D 尤其是研究是最后进行国际化的一个职能。原因是，R&D 比企业其他职能更加具有规模经济性的好处，能够更容易进行标准化，进行各国适应的必要性相对较低。当然，R&D 也应当进行当地适应，但是比起人力资源管理、销售、流通、市场营销等各类型的职能来说，R&D 的标准化程度更高（见图 7–1）。

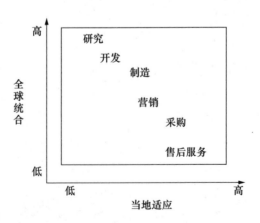

图 7–1　各职能的 I–R 位置

资料来源：根据 Bartlett and Ghoshal（1989）作者制作。

即使如此，企业最后还是会将 R&D 职能国际化。其理由是什么？先对企业 R&D 国际化的程度进行考察。

从关于企业 R&D 国际化程度的调查研究的结果来看，根据企业的不同，其程度有很大的差异。有的企业将研究开发部门进行了很高程度的国际化，有的企业则完全集中于母国，那么企业为什么将研究开发职能国际化，或者是国内集中呢？需要对企业做出不同选择的思考逻辑进行分析。

二、R&D 国际化的背景

先对 R&D 国际化的背景进行整理。

第一，技术虽然存在很多国际标准，但是技术的地域特性也依然存在。而且企业进行 R&D 的国际化时，需要世界各国的技术基础设施是完备的。比如，各国对于知识产权保护的法律如果不完善，企业也不能进行研究开发的国际化。假设技术完全国际标准化了，研究开发活动会被配置到实力最强的研究开发据点进行，在那里进行所有的研究开发活动，也就是说向世界最具有优势的创新集聚地进行集中的战略。现状是虽然技术在不断的进行国际标准化，但是依然保留着很强的地域特性。而且世界各个创新集聚地也是差异化的，分别具有各自独特的技术领域优势，且分布在世界各地。

第二，知识的核心竞争力资源已经国际性的流动化。过去企业依靠母国的优势进行了创新的研究开发。现如今单单依靠母国的经营资源、技术、知识等，已经不能构建起全球性的竞争优势。随着技术的进步，母国的优势不再是安定的可持续性的优势。

第三，市场的国际化。一方面消费者的嗜好出现了一些国际标准化的倾向，另一方面不能否认嗜好的地域分散也在进行中。那么，如果研究开发据点集中于一个地方，会出现研究开发效果不佳的风险。

第四，竞争是国际化的。一方面出现了一些无国界的自由竞争，另一方面有些国家也加强了一些对于研究开发的限制。比如，制药行业里存在一种不断要求进行本土化的趋势。

当然，在上述背景下，将 R&D 职能进行国际化这是不进行国际化的决策，这是由各个企业自行做出的。下面对 R&D 国际化的理论和集中化的理由进行说明。

三、R&D 国际化的相关理论

企业将研究开发职能进行国际化的理论，可以整理为以下几点（Terpstra，1977；Berman and Fisher，1980；Hakanson and Nobel，1993）：

第一，市场志向理论。也被称为需求端的因素。为了有效的反映当地市场的特殊需求，需要将研究开发职能配置到当地。为了提高适应当地市场的反应能力，将研究开发，尤其是开发职能进行本土化的必要性大大提升了。

第二，供给志向理论。将研究开发中心配置到海外，能够吸收当地特有的知识和经验等资源。如果不去当地，则不能雇用到具有很强能力的研究人员、技术人员等人才，而且附着于研究或技术人员身上的知识和经验，如果不去当地也是获取不到的。

特别是一些难以形式化，具有暧昧性的暗默知是进行技术开发非常关键的因素，也就是经验等知识更加重要的时候，为了吸收这些暗默知，有必要前往当地，并在当地设立研究开发中心。像一些生物制药等高技术产业，重要的知识往往隐藏于企业外部网络，跟当地的供应商网络建立起连接对于提升企业创新能力具有越来越重要的作用。

在母国的基础研究部门进行研究开发，仅仅向海外当地临时派遣一些人员也不会很好的进入当地的创新网络中去，而且有研究表明，跟当地的领先用户（Lead User）进行相互交流和相互作用是创新的重要源泉。

所以，能够连接到当地的供应商网络、卖家网络、用户网络也是 R&D 国际化的重要理由。

第三，战略志向的理论。这是从确立全球核心竞争力角度来说的。截至目前，企业的竞争优势很多部分是与国家的竞争优势相联系的。以后需要动员遍布于全球的信息、知识、经验等资源，确立企业的竞争力。

第四，组织志向的理论。在海外设立研究开发中心，对于提升海外子公司的士气有很大的帮助，当然也会受到来自（没有设立研究开发据点的）海外子公司很强的压力。比如，美国企业以前出现过在欧洲的德国或英国设立了研究开发据点，但是不在法国设立，导致法国子公司士气低落的例子。另外，通过兼并收购海外企业来实施国际化的情况下，即使出于效率的考虑，想关闭被收购企业的研发中心，也往往很难做出这样的决定。因为研发中心对于被收购企业来说是一种骄傲，将其剥离或者关闭，会导致组织士气低落的现象。

第五，应对当地政府的理论。研究开发职能的国际化，需要考虑当地政府提供的补贴、减税政策、本土零部件采购率等方面的因素，另外，跨国公司将研发中心开设到当地，意味着向当地政府展示了不仅将该国看作产品的市场，而且作为一个当地社区网络的成员深度融入到当地的一种姿态。

第二节　R&D 本国集中的理论

一、R&D 本国集中的原因

即使是大的跨国企业，其研究开发，尤其是基础技术研究部门在母国集中的倾向是非常明显的。其理由包括以下几点（Terpstra，1977）：

第一，通过集中可以发挥规模经济性。比如，将 200 个研发人员集中于一个研究所内，比将他们分散到几十个国家更加容易使得研究开发提升效率。

第二，集中可以大幅度的减少沟通和调整的成本。

第三，能够保护技术机密。在海外设立研发中心或者以联盟的形式在海外进行研究开发，总会导致技术的泄露。特别是海外的研究人员中，有在研究所工作多年，然后将技术经验等盗取，并跳槽到竞争对手那里的事情发生。所以，企业会将核心知识和技术放在母国的研究所进行开发的倾向。

第四，能够确保对于当地政府的议价能力。比如，在一些不具备技术优势的国家设立研发中心，能够带来很好的议价优势，也就是说，将研究开发这一张关键的牌放到最后才打出，所以会将研究开发的国际化放到最后进行。

二、Patel 和 Pavitt 的 R&D 非全球化论点

本章一开始提到，R&D 特别是基础研究开发职能一般会集中在母国进行。近年，在生产和营销职能已经国际化程度很高的情况下，R&D 职能的国际化成为反映企业整体国际化程度的晴雨表。

但是，有些研究者认为，R&D 最终还是在母国进行。Patel 和 Pavitt 就提出了 R&D 非全球化论点。根据他们的主张，即使是技术先进的国家，其跨国企业的高新技术等的创造还是依靠母国在进行。他们的理由包括：第一，多数国家最先进技术领域的主要贡献者并不是外资跨国企业在海外的研究所。第二，大企业的技术成果受到母国基础技术成果很大的影响。这种观点与 Porter 所提的国家竞争优势钻石模型有共通的地方。他们认为比起企业自身的技术优势，其国家因素有更大的影响。这样的论点是对一时流行的技术全球化论的一种否定（Patel and Pavitt，1992）。

第三节 海外研究所的功能类型和发展阶段

一、跨国创新的类型

上节对于研究开发职能国际化的优势与劣势进行了说明，还有重要的一点是，在海外设立研发中心时选择什么样的形式。

全球范围内的创新有很多类型，如前面所分析的那样，下面四种类型是较为重要的（Ghoshal and Bartlett，1988）：

第一种类型是从中心向全球的 Center for Global 型。充分利用母国的资源进行创新，创新的成果向全球市场进行普及，也就是进行离心式的创新。

第二种类型是从当地向当地的 Local for Local 型。即入乡随俗型，为了应对当地市场特有的需求，在当地进行差别应对，也就是分权型的创新。

第三种类型是从当地向全球的 Local for Global 型。海外的研究所，即使起初是为了应对当地市场需求而创建的研究所，进行了非常有效和有意义的创新，所以其成果向全世界进行普及，其作用变得非常重要。

第四种类型是从全球向全球的 Global for Global 型。这种类型是一种理想形态，全世界所有研究开发单元的能力都是差异化的，有其独特性和专门性，在全球范围内进行创新。

二、海外研究所的功能类型：Ronstadt 的分类

放置到海外的研究所发挥的功能，分别属于上述哪种类型呢？Ronstadt（1977，1978）对此进行了分类。

第一类功能类型是 TTU（Transfer Technology Units）。技术从本国转移过来，对应当地市场的研究所。比如像美国的一些本土拥有强大的经营资源和技术力量的企业，向海外研究所转移技术与知识，满足当地市场的需求。

第二类功能类型是 ITU（Indigenous Technology Units）。一开始就针对当地市场进行某些技术开发的研究所。有些技术是只能在当地通用的技术，或者说不适用当地的技术就不能很好应对当地市场，这时活用当地的知识资源，面向当地进行技术开发。

第三类功能类型是 GTU（Global Technology Units）。以面向世界市场进行产品开发为目的的研究所。不是只对海外某个当地市场进行开发，而是以那里出现

的创新为基础，面向全世界市场进行产品的开发。

第四类功能类型是 CTU（Corporate Technology Units）。面向本部进行长期基础研究的研究所。

这四种功能类型的研究所，同时也是四个发展阶段，也就是说，随着跨国企业研究开发职能国际化的推进，其形式从第一阶段过渡到第四阶段。Ronstadt 的研究也发现了这一趋势。

三、海外研究所的功能类型：Kuemmerle 的分类

Kuemmerle（1997）的研究提出两种类型的海外研究所，即 HBE（Home Base Exploiting）本国活用型研究所和 HBA（Home Base Augmenting）本国补强型研究所。

HBE 型研究所是最大限度利用本国竞争力，向海外当地市场导入，进行技术研发的研究所。也就是说，充分利用母国的优势研究资源，向海外导入技术的离心式创新。

HBA 型研究所是为了补强母国的竞争力，在海外进行研究开发的研究所。特别是一些母国不一定拥有很强研究开发能力的企业，为了补强总部研发能力，在海外设立较强的研究所，通过此研究所从海外吸收经营资源和研究开发能力，来充实自己企业的竞争力。也就是说，总部的研究中心不一定具备世界水平的竞争优势，从海外研究所来填补所需的技术，从而确保公司整体的技术能力。

Kuemmerle（1999）进行的对于美国、日本、欧洲的电子、制药企业的调查发现，海外研究所属于 HBE 和属于 HBA 的分别有一半。

四、海外研究所的功能类型：Nobel 和 Birkinshaw 的分类

Nobel 和 Birkinshaw（1998）根据几个现有的分类方法，进行了新的分类，即 Local Adaptor、Lnternational Adaptor、Lnternational Adaptor。

1. Local Adaptor

向当地市场投入产品以促进当地适应时，从本部拿技术过来进行当地改良，以适应当地市场的研究所类型。与上述的 TTU 类型相近似。但是，前提是总部有强大的研发资源，海外子公司从总部获得技术和产品。如今的现实情况是总部的绝对优势不再那么强，而来自海外的创新越来越多的今天，此模式的有效性正在丧失。

2. Lnternational Adaptor

不单支援当地的生产设施，还面向当地市场进行更加适合的产品改良与开发的研究所类型。与上述提到的 ITU 类型相似。

3. Lnternational Adaptor

跟当地生产设施没有关系，与本部的 R&D 有密切的合作，进行世界规模的研究开发活动的研究所类型。与上面提到的 GTU（偏重产品开发）或者 CTU（偏重长期研究）相类似，综合了两者的长处。

五、海外研究所的发展阶段

如上所述，海外研究所的类型多种多样，不过也有共通的地方，就是海外的研究所基本会经历一些相似的发展阶段。

首先，将本国的技术或产品投入海外市场，不适合当地市场的需求时，对产品进行本地适应的改良，海外当地分支机构的产品和改良的技术都依存于总部，属于 TTU（或者 HBE 或者 Local Adaptor）类型。随着时间发展，有必要在当地进行面向当地的产品开发，依靠总部会出现不能很好应对当地市场的情况，所以海外研究所变成对于当地的事情更加自立的 ITU（或者 Lnternational Adaptor）类型。

其次，当面向当地的产品改良知识或经验超越当地市场，转移到其他国家市场依然能够发挥作用时，这家海外研究所不再仅仅面向本国的据点，而是变身为能够进行全球规模创新的 GTU、CTU（HBA 或者 Global Creator）类型。

六、跨国 R&D 组织构造的类型

1. 本国完结型

母国有很强的优势，所以没有在海外进行研究开发的必要性，所有的 R&D 在本国完成的类型（见图 7-2）。

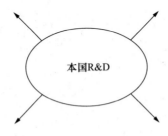

本国R&D

图7-2　本国完结型 R&D

资料来源：Gassmann and Zedtwitz（1999）。

此模式的长处是效率非常高、沟通和调整的成本低、能够发挥规模经济性和范围经济性、研究开发周期较短、核心技术能够被保护等。

此模式的短处是当地适应度很低、不能获取和吸收外部技术、失去向海外学习优秀知识和经验的机会等。

产品高度标准化的企业倾向于选择这种离心式 R&D 组织模式。比如微软公司和苹果公司等，在美国拥有很强大的研发能力，国家优势也非常明显，其软件或硬件产品也是高度标准化的，不需要做过多的当地适应，那么微软和苹果在海外设立研发机构的动机就非常小。

2. 本国中心海外周边型

研究开发基本上在本国完成，从海外进行适当的补充，是一种兼具效果和效率的类型（见图 7 - 3）。

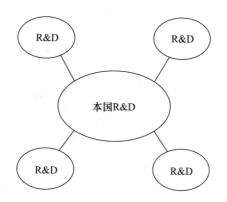

图 7 - 3 本国中心海外周边型

资料来源：Gassmann and Zedtwitz（1999）。

此模式的长处是效率高、通过本国的调整来避免重复、充分利用本国资源、不足的资源从海外补充、能够发挥规模范围的经济性，核心技术能够被保护。

此模式的短处是即使将研究开发职能配置到海外，因为有很强的总部，所以对于海外的控制非常严格，可能会限制当地创新性，总部的研究开发能力越强，从海外获取和吸收技术变得越消极等。

很多的日本跨国企业选择了此类模式。比如花王、NEC、夏普、佳能等企业虽有一些不同，但大多属于此类型。

3. 海外分散型

这是本国也有研究开发职能，海外也进行分权分散型研究开发的类型（见图 7 - 4）。

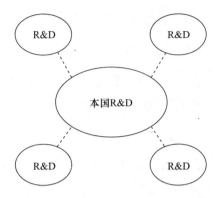

图 7 - 4　海外分散型 R&D

资料来源：Gassmann and Zedtwitz（1999）。

　　此模式的长处是对于当地的敏感度高、对当地市场的适应性高、能够积极获取和吸收当地特有技术等。

　　此模式的短处是因为总部对于海外研究开发职能的控制和调整力度较弱，导致效率较低、资源重复浪费、没有战略焦点等。

　　比如 1980 年飞利浦在欧洲本土和英国分别进行同一电视机零部件的开发，结果是基本同样的产品被开发了出来，导致重复成本的发生，飞利浦从此吸取经验，研究开发职能变成了更加统合型的体制。

　　4. 外部网络型

　　本国有很强的 R&D 部门，但从全球范围来看，不是将 R&D 全部内部化，而是与外部的研究所建立联盟等关系，进行合作开发，引进外部知识和资源的类型（见图 7 - 5）。

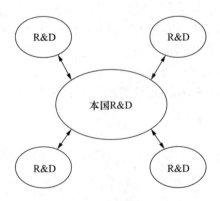

图 7 - 5　外部网络型 R&D

资料来源：Gassmann and Zedtwitz（1999）。

此模式的长处是效率较高、对外部技术的敏感度高、能有效的导入技术趋势、管理成本较低等。

此模式的短处是过分依赖外部研究所导致企业吸收能力低下、自己企业内部不储备较多的技术，不能正确评价所引进的技术、阻碍企业发展等。

5. 跨国型

部分企业的研究开发职能分布在全球，各研究开发中心是高度差异化的，具备在某个领域的专业性，相互合作；与外部的研究所进行联系，全球范围内实现最大效率，并促进各中心之间学习的类型（见图 7-6）。

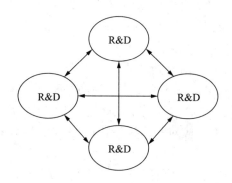

图 7-6 跨国型 R&D

资料来源：Gassmann and Zedtwitz（1999）。

但是问题是各研发中心之间调整的成本很高，决策变得很复杂。现实中还没有此类型的企业存在，比较接近的是雀巢公司。

第四节 海外研究所选址的理论

在此对企业决定将 R&D 职能配置到什么地方的决定标准进行整理。到现在为止的讨论能够看出，企业的国际 R&D 管理有很多不同的类型存在。在此对于选定研究开发职能地点的相关研究进行整理。

一、Terpstra 的标准

Terpstra（1977）将决定研究开发职能地点的原因分为具有较大的市场规模、储备了较多的研究技术人员、收购来的海外企业的研究所、产业产品特征、来自当地政府的压力和招商等几大类。

（1）较大的市场规模。对于美国企业来说，加拿大和欧洲等地市场较大，所以美国企业的海外研究开发活动在这些地方非常活跃。

（2）储备了较多的研究技术人员。想成为企业的海外 R&D 中心，当地必须储备有较多的技术和研究人员。即使当地市场较小，只要有很多的研发人才，对于跨国企业的研发部门来说就有足够的魅力，比如荷兰。

（3）收购来的海外企业的研究所。跨国企业收购了某个海外企业，其结果往往是被收购企业在当地本来就有研发据点，即使当初收购这家企业的目的与 R&D 无关，仅仅是为了进入这个国家的市场。Ronstadt（1978）的调查发现，其调查对象是美国企业海外持有的 R&D 中心或者研究所中，有 1/4 属于企业兼并收购当地企业之后，保留该企业的研究所。

（4）产业产品特征。根据所处产业和所生产的产品不同，R&D 选址也会不同。消费品的 R&D 更加分散，因为要去应对各国不同的市场需求，比如食品产业，因为各地的嗜好是不一样的，需要在该地区进行本土化的产品或技术的研究开发工作。制药产业，为了应对临床试验，也往往需要进行 R&D 的本土化，需要在当地持有研究所。

（5）来自当地政府的压力和招商。对于当地政府来说，吸引跨国企业的 R&D 中心入驻，往往能带来较大的好处。比如带来研究开发人员的就业，提升此地区的研究开发水平等。这时，当地政府往往会以各种补贴、减税等方式来吸引跨国企业的 R&D 研究所。

二、Taggart 的标准

Taggart（1991）对于海外 R&D 选址的决定因素，以制药产业为例进行了调查。Taggart 从市场因素、一般限制因素、制药限制因素、资源因素这几个方面进行了分析：

（1）市场因素。是这个市场对于企业来说是否有魅力这一基准，企业会考虑这个市场是否容易进入，竞争对手是否有很多，竞争是否非常激烈，当然有时候竞争激烈对于企业的研发活动是有好处的。

（2）一般限制因素。进入当地市场时，当地政府的限制是否很低，对于知识产权的保护是否很严格，劳动法等对于外国企业是否有便利等这些因素之外，还有语言、文化的障碍是否低等这些因素。

（3）制药限制因素。从研究开发、制造到药价的制定，这个国家有多少相关的限制性因素存在。

（4）资源因素。这个国家的教育体系、科学家、技术人员的数量和质量，以及成本等方面的因素。

三、Chiesa 的标准

Chiesa（1995）对于 R&D 的海外选址的决定因素进行了系统的划分，主要分成了 R&D 关联因素和非 R&D 关联因素两大类。

R&D 关联因素主要指以下内容：

（1）投入要素费用。包含研究、技术开发的人员、设施设备等的费用。

（2）转移费用。主要是在内部研究所之间、研究所与制造销售部门间转移信息知识的对内费用，和从供应商、顾客、外部研究机构取得市场技术知识的对外费用。

（3）组织费用。包括新设立 R&D 中心需要聘用人员、转移人员、转移技术、为海外研究者设计报酬体系、设计控制沟通系统等的费用。

（4）投入资源的质量。主要是指能够获得技能的范围与深度、研究技术人员的质量、发挥规模经济性所需的投入资源的量等内容。

上述的因素有必要与下面要分析的非 R&D 关联因素进行密切的配合。非 R&D 关联因素主要是指以下内容：

（1）已存在商业设施。企业如果已经在当地持有营销、生产设施的话，更容易从已有的设施获得信息和支撑，这时现存的地点作为未来 R&D 职能的地点会更有利。

（2）当地基础设施。有些地区的服务、基础设施较好、能容易接入促进沟通的网络。

（3）企业经营文化。企业文化影响海外 R&D 地区的选择，集权的企业倾向于选择在已经有本公司营销、生产设施的地区设立 R&D 中心。

需要对上述 R&D 关联因素和非 R&D 关联因素进行综合分析，决定 R&D 的海外选址。

四、Porter 的配置与调整

上面对于跨国 R&D 的选址标准进行了总结。这样的分析方法与第二章所介绍的 Porter 的价值链各环节的配置与调整理论相一致。R&D 是价值链的一部分，对于各企业来说，需要考虑将 R&D 职能配置到地球上的什么地方，能够产生更多的附加值。如果本国存在更加优秀的技术储备，本国有更多优秀的研究人员的情况下，将 R&D 集中于母国，享受研发的规模经济性即可。将研发中心集中到一个地方，不会产生沟通和调整的成本。反之，不去海外设立研究所，就不能获得更好的研究资源和技术，需要考虑 R&D 的本土化。

一旦将 R&D 分散到海外其他地区,就出现国内外研究所之间,以及研究所与生产等其他职能部门之间的调整。各企业都在根据分散配置的好处和沟通调整成本的平衡来决定海外 R&D 中心的选址。

第五节 海外 R&D 的所有权政策

上节对于海外 R&D 中心的选址标准进行了梳理。这些讨论针对的都是在海外设立研究所时,如何决定地点这一问题的。其实,选择地点对于不是自己新设立海外研究中心也很重要,因为有时候企业会选择不新设研究中心,而是与海外当地的现有研究机构或者其他企业进行合作或者构建联盟,来获取研发资源。那么,自己新设立研究所与当地现有研究机构进行合作这两种方式各有什么优缺点。

一、自己设立型

优势。在海外设立自己的研发机构最大的好处在于能够将当地的高级技术和人力资源内部化,从长期来看,能够专注于提升自身能力。不是只在需要的时候与当地有能力的研究人员签订合约进行共同技术攻关,而是将他们聘为研究所的管理者、顾问或者员工,这样不仅能够将人员招聘进来,还能够一并获取此人所持有的经验和人脉等。此人所进行的研究项目以及附着于该研究项目的知识和经验也能够一并积累到自己企业内部。通过不断的构建这样的能力,就能够不断吸收新的知识和技术(Cohen and Levinthal,1990)。

劣势。自己运营海外新设立的研究所也有其劣势,比如需要花费很大的成本,新设立研究所时需要进行区位选择、买入土地、建设设施、雇用员工、进行管理等都需要自己花费大量的成本。另外,不同于建立研究开发联盟,自己设立研究所,从开始建设到能够实际运营需要花费很长的时间。这时,新的研究所往往还不具备很强的研究能力和环境,雇用超一流的研究人员是很难的,即使能够招聘到人员,也很难有吸引力确保一流研究人员长期为企业工作。

而且,即使目前来看此研究所的区位是最适合的,并不能保证以后还是最适合的。以后会出现更加合适的地点能够提供更好的研发资源,需要关停原来的研究所,转移到更适合的地方去,这时之前所进行巨额投资将无法收回。

二、外部依存型

1. 与外部研究机构、企业进行业务合作

优势。此模式最大的好处是,自己企业内部暂时还没有现在或者将来需要的知识或者技术，这样从合作伙伴那里能够迅速高效的获取到该技术。特别是所需要的外部知识是很专业和特殊的情况下，想依靠自己慢慢开发需要花费很长的时间。依靠外部获取到此类知识，就不用在此领域花费数年时间进行开发。而且，根据所需要的技术和知识的不同，理论上能够通过变换不同的合作伙伴而获取到，具有一定的灵活性。

劣势。过度依靠外部也存在风险：第一，面临知识吸收能力左右为难的窘境。自己未拥有的技术依靠外部供给，对于研发能力弱的企业来说，很难对外部获取的技术进行吸收、评价。反之，自己拥有很强研发能力的企业，具备很高的吸收和评价能力，但这样的企业对于外部的依赖性非常低。

第二，选择外部合作伙伴的问题。研发能力弱的企业，希望与具有很强技术研发能力的研究所或企业合作，但是，高水平的企业与研发实力弱的企业进行合作的动力很小，所以实力弱的企业很难找到理想的合作伙伴。如果自己在其他方面有优势的话，比如能够帮助合作伙伴开辟市场等，还有可能找到理想的合作伙伴，否则，基本不能找到理想的合作伙伴。

第三，导致自身研发能力停滞。过度的外部依赖，虽然短期内能够很高效的获得很好的效果，但是，长期来看，会导致自身研发能力的停滞，长期依靠外部的人才和技术，很难构筑起自己企业的竞争优势。

2. 从海外市场购买技术

优势。市场交易最大的好处是，根据需要随时从市场购买所需的知识和技术，与技术合作不同，此模式不需要与合作伙伴进行战略、组织方面的调整，市场原理发挥作用，有很高的经济效率。

劣势。此类市场交易有很大的局限性，特别是一些高级的知识、技术的潜在价值具有不确定性，市场交易伴随较大的风险。而且，R&D 相关的最先进的技术和知识往往具有暗默知的特性，而且是黏着在当地的，很难与产生这种技术的人和环境分离开来。

第六节　跨国 R&D 研究所的管理

对海外研究所的管理是非常困难的事情。如何才能最大限度的利用好海外研究所开发职能的好处，保持企业的一贯性呢？创新式的研究开发，当然需要当地的自立与自律，同时也需要一定程度的控制，来确保作为组织整体的统一性。

当地的自立和自律，特别是研究开发部门的能力对于当地适应战略是非常重要的。但是，过度的自立和自律会破坏企业整体的一贯性。反之，总部过度的进行控制，可能会抹杀当地的创新能力，需要达到自律与统治的最佳平衡。R&D职能尤其面对着科学发现成果与商业化成果这两种不同压力的平衡。

R&D包含了科学逻辑即追求真理，和商业逻辑即追求利润最大化两个方面的要素。作为企业来说，即使对于基础研究也期待着能够有助于自己利润的成果，如果不产生利润的话，就与大学纯粹的研究没有区别。企业奖励对最新进技术的吸收，但是，如果最新的技术变成一种没有商业应用可能性的纯粹基础研究的话，就成了大问题。基础研究是一种长期进行的有试探性质的投资，但是，商业企业会面临着考虑短期利润和成本的压力。而且真正的难处在于这个研究在进行的中间状态时，并不知道最后能为企业发挥多大的作用。

研究开发是企业的一部分职能，研究所的工作人员为了进行技术交流或者获取最新技术潮流信息，需要与外部的研究机构维持非正式的接触，这就导致企业组织在研究开发领域的边界出现模糊。为了获取当地的知识，需要与当地的研究者进行正式或者非正式的交流，但是过度的外部交流有可能导致企业的核心知识或者管理出现危险。

为了获得当地特有的暗默知，与当地进行过度接触，对内沟通不足，会损害企业内部暗默知的共有。企业会认为保持内部一贯性是很重要的，进行一定程度的调整，但是，传统的控制机制并不适用于科学逻辑导向的组织类型。官僚式的控制或者文化控制、常规控制也不能发挥很好的作用，因为在科学的世界里，研究人员认为比起对于企业，自己对于所从事的职业感到更加自豪。

这样的自律与统治的紧张关系根据国家的不同也会不同。因为研究人员或者管理者所期待的工作自由度，根据所处的文化不同而不同。尤其是当母国与海外要求的发挥自律或统制的功能不同时。

Asakawa（1996）对于海外研究所管理上左右为难的窘境，进行了如下分析：

（1）如何才能避免陷入不必要的差异化，又促进 Local For Local 型创新，或者如何才能降低企业内部调整的成本，又促进 Local For Global 型创新。

（2）如何才能维持企业内部暗默知的前提下，在海外设立研究所并有效的吸收当地的暗默知。

（3）如何才能保持企业一贯性的同时，又适应海外当地的研发和管理的实践。

（4）如何才能保护好自己知识产权的同时，与外部研究机构进行共同技术的研发。过度走出企业的边界，与外部进行知识的结合，会导致内部知识的泄露，同时多大程度上能够吸收外部学界的研究成果也是个问题。

（5）如何才能面对短期利润压力的同时，进行长期的基础研究开发。正在进行的基础研究不一定能够保证对于以后的商业化有很大的价值。但是通过管理控制基础研发行为也不妥当。如果给予研究所过度的自律，也会引起其他职能部门的嫉妒，影响企业的氛围。

第八章　跨国战略合作管理

第一节　跨国战略合作的理论

一、战略联盟的定义

战略联盟（Strategic Alliances）是指合作伙伴双方为了构建竞争优势，共有双方的资源和能力，建立持续的合作与协调的关系。

1. 作为混合形态的联盟

联盟从组织形态论的观点来看，处于科层（Hierarchy）与市场（Market）的中间位置。实际上，企业组织的边界并不像初期的交易成本理论（Williamson，1975）在市场和科层之间有一个明确的区分，这之间存在很多中间形态。这样的中间形态被称为混合形态（Powell，1987）或者网络形态（Powell，1990）。

市场与科层之间的范围很广。其中存在各种各样的组织间形态（Contractor and Lorange，1988）。

接近科层的形态包括 M&A、合资等出资比例大的形态。一般来说，出资比例越高越接近科层，与合作伙伴在组织上的相互依存度更高。根据出资比例的大小，合资又分为过半数所有（Majority Ownership），共同所有（Co-ownership），少数所有（Minority Ownership），出资比例越小，企业间关系越松散，越接近市场交易。

联盟这一概念包含了所有这些企业间关系形态，但是增加了战略（Strategic）两个字，就不再是上述各类企业组织间关系的总称，而是指为了创造战略性价值而结成的企业间关系。

2. 广义的联盟

联盟包含有出资关系的情况和没有出资关系的情况两种。将联盟看作是市场与科层之间所有中间形态的观点，是广义的定义。这种观点在组织论中经常出现。

是否出资的选择，根据希望与合作伙伴建立什么样的关系而不同。有时候不涉及资本关系也能够达成建立联盟的目的，而为了达成目的需要与合作伙伴建立长期的协作关系，或者双方的机密信息需要长期进行共享的情况，或者没有资本关系就不能与和合作伙伴建立稳定的信用关系时，往往会选择带有稳定的资本关系的合资或者并购等形式。

这样广义的联盟，往往被看作包含了市场营销合作、技术转移、合作研发、许可证制造、合资、并购等很广泛的形态的一个概念（Spekman et al.，1997）。

一般来说，包含资本关系的联盟能够确保长期稳定的关系。反过来看，缔结这种很近的关系意味着有时候需要放弃作为单个企业的自由。特别是对于重大战略性问题，不能按照自己企业单方面的想法进行控制，做决策时要进行一定程度的妥协。

3. 狭义的联盟

联盟也可能是比兼并收购或者合资等更加简单，不是通过资本关系，而是从战略目的角度来建立的情况，这是狭义意义上的联盟。这种观点对于联盟的战略意图更加重视。战略联盟与兼并收购或者合资相比，不是合作伙伴之间全方位的接触，而是为了完成某个特定的目的而进行的合作。有时候甚至单纯为了开发某个特定的产品或技术进行合作，在其他产品或技术上则正在相互竞争，这就是狭义的联盟的想法。为了特定的资源而从市场上进行购买的方法比战略联盟更加简单，但是从关系很浅的市场交易对手那里很难获取并吸收关键的知识或技术，所以效果也受到很大的限制，这种做法被认为是单纯的外包，与战略联盟是不一样的。

Doz 和 Hamel（1998）认为战略联盟与企业收购不一样，他们认为兼并收购企业往往以更高的价格购买了超出自己需求范围的东西，而真正想要获得的资源有可能在收购过程中反而丢失了，或者仅仅收购了被兼并企业核心竞争力一小部分的事业部，导致收购来的核心竞争力没有效果。

他们也指出战略联盟与合资不一样，与传统的合资有五点不同：第一，战略联盟比合资更加处于企业战略的中心。第二，合资通常是综合了两家企业现有的资源，其效果是可预测的，而战略合作投入的是不确定性高的资源。第三，合资通常是两家企业的合作，而战略联盟经常是多家企业参加。第四，战略联盟不是单一产品的共同生产，而是多个合作伙伴提供资源共同完成解决方案的一种复杂的行为。第五，联盟中的合作伙伴有可能是将来的竞争对手，对于联盟的管理更加困难。

所以，Doz 和 Hamel 也是从战略的角度，对联盟进行了狭义的定义。

实际上对于战略联盟的定义有很多的不同。本章聚焦于战略联盟的目的、功能，将其定义为"合作伙伴双方为了构筑竞争优势，共有双方的资源和能力，建立起持续的合作与协调的关系"。所以本书提到的战略联盟事例是包含了合资、兼并收购等类型广义的定义。

二、协调的效果

为了理解战略联盟为什么重要，在此对于组织间协调的理论进行一些整理。

有一种将企业间关系看作企业资产的观点，也就是所说的关系性资产（Relational Asset）。这种资产具有促进暗默知的共有、深化合作关系而提高信赖水平、促进机密信息和知识的交换等效果。这样的关系通常具有物理距离近这样的特点。比如，供应商与整机企业集聚在某一地区，硅谷有大量的 IT、互联网企业集聚等例子。日本的汽车产业中也有关系性资产，也就是说，因为汽车企业与供应商的密切关系而使得在产品开发、技能提升等方面都形成了很大的竞争优势。丰田汽车的供应商关系比通用汽车的供应商关系要紧密的多（Dyer and Singh，1998）。

像这样关系性的资产能够促进重要知识、经验的共有这一点非常重要，特别是双方交换、共有的知识和经验具有互补性时，能够产生更大的效果。Dyer 和 Singh（1998）提出，最显著的效果是当双方的经营资源不可分（Indivisible）时会出现。举例来说，Visa（信用卡）和世界各国的银行就属于这种关系性资产。

三、从创新来看竞争与协调

企业在什么情况下与其他企业进行竞争与协调。一种观点是当与其他企业进行协调并不能扩大双方的整体业务时，会选择竞争。另一种观点是如果合作能够扩大双方整体业务，则会选择协调。

选择协调的理由，有以下几种：

第一，使用的技术是积极反馈技术时。也就是说，一开始的成本非常高，但是之后的单位生产成本会逐渐降低的情况。

第二，使用的技术具有网络外部性时，也就是说，保证技术的标准化非常重要时。使用该技术的人越多，其价值越大的情况。

第三，将要使用的技术是破坏性创新（非延续性创新）技术时。这种情况下，企业旧的知识完全不能符合产业环境的变化，这时扔掉现在拥有的技术更加重要，通过与其他企业的协调，能够迅速吸收新知识，而不必重新自行开发这种全新的技术。

第四，企业要使用的技术还处于创新周期的初期，这时，技术处于萌芽阶段，尽快地组成联盟成为此技术的标准制定者最为重要。

第二节 战略合作的目的

在此对于战略联盟的目的进行一番整理。

一、Gomes - Casseres 的理论

根据 Gomes - Casseres 的总结，战略联盟的目的有以下三种：

第一，Supply Alliances。通过与合作方建立联盟，从合作伙伴那里获取自己没有的资源，同时还有能够降低交易成本的效果。比如，希望获得合作伙伴销售网络的制药企业、希望获得合作方的资金以进行财务支持的企业、从合作伙伴那里获取自己没有的技术填补自己的空白等。当年的三菱汽车希望从戴姆勒克莱斯勒获得资金支持来改善自身财务状况，从而组建了战略联盟。

第二，Learn Alliances。通过与合作方共同研究，相互学习对方的知识和最佳实践，从而构建自身新的能力。比如，日产向雷诺学习经营重建的经验和做法，三菱通过组建联盟向戴姆勒克莱斯勒学习汽车设计，而戴姆勒克莱斯勒向三菱学习小型车制造的技术等。

第三，Position Alliances。通过与合作方组建联盟，进入合作方所持有的市场和事业领域。这种目的的联盟，也包括通过组建联盟能够利用合作方常年在当地经营所攒下的很好的评价。通过这样的联盟，不单可以进入某个新的市场，还能扩大市场份额，比竞争对手构建起更好的位置优势。比如，欧美日大量的跨国企业在中国的合资企业等，跨国企业通过与中方合作伙伴组建合资公司这一联盟形式，迅速的进入了中国这一巨大的市场。戴姆勒克莱斯勒通过与三菱组建联盟，巩固了其在日本甚至一些亚洲市场的地位。

二、Speckman 等的理论

Speckman 等将战略联盟的目的整理为以下几点：

- 开发新市场
- 进入新地域
- 分担风险

- 填补生产线的剩余
- 利用规模经济
- 分担研究开发成本
- 设定新标准
- 有效利用能力
- 提高速度
- 学习

这种分类法与上述 Gomes – Casseres（1993）的分类有部分重复，但是包含了更多的项目。在此不做过多的解释。

三、Doz 和 Hamel 的理论

Doz 和 Hamel 认为企业之间缔结联盟最终目的是为了进行价值创造（Value Creation），他们认为通过以下三种活动，联盟可以实现价值创造。

第一，Co – option。与潜在的竞争对手或者互补性产品服务提供者进行组合，能够实现网络外部性效果以及制定标准。

第二，Co – specialization。将原来不同的资源、位置、技能、知识资源等进行组合，实现倍增效果，达到价值创造。

第三，Learning 和 Internalization。通过与其他企业组成联盟，来获得像暗默知这样的很难获得的知识或技能，构建起新的竞争优势。

四、战略联盟的劣势

战略联盟有上述很多优点，当然也存在缺点。比如，不得不公开企业的技术、失去独自对于核心技术统制、有可能与合作伙伴重复市场、难以进行统一的决策、不得不共享利润等。企业应当充分评估战略联盟的劣势，再做出判断。

对于战略合作的局限性，Gomes – Casseres（1993）提出了三点内容：

第一，组织的制约。组建联盟，意味着经营者参与联盟运作的时间和精力都增加，同时，建立联盟导致的复杂化使得企业运作的合理化变得更加困难。

第二，战略上的制约。目前随着大竞争时代的到来，企业之间建立了很多的战略联盟，企业间关系变得日趋复杂，对于一些企业来说难以找到新的合作伙伴。比如，汽车产业里错综复杂的联盟管理下，一些新兴企业已经很难跟现有企业组建联盟，独立的汽车企业已经不多。

第三，事关企业存亡的重大决策，也需要与合作方进行协调，丧失了完全的控制权。

第三节　跨国战略合作的形成过程

一、战略联盟的形成过程

考虑战略联盟时，从战略的制定到实施的各个过程都需要进行精细的安排。制定战略时，需要明确分析出战略联盟所带来的优势，这一点最为重要。选择合作伙伴时，挑选最适合的合作方式是最重要的。缔结联盟的交涉阶段，明确规定双方各自在联盟中所起的作用，设计出管理联盟的组织结构最为重要。联盟开始运行阶段，进行适当的投资，形成双方的信赖关系是非常重要的。进入实际操作阶段，双方互相贡献，并有效的吸收对方能力是关键。

需要做出调整时，有必要正确迅速地观察内外部环境的变化，对于联盟的作用进行再度考量和讨论。到了非常必要的时候，可以考虑将联盟进行解体，解除关系。

二、选择联盟合作伙伴

应该与什么样的合作伙伴组建联盟？相似的企业可以合作的更好，还是差别大的企业之间合作更有互补性（Gomes－Casseres，1993）？下面对于如何选择联盟合作伙伴进行分析。

1. 互补性

选择合作伙伴时，需要考虑的是互补性。通过选择与持有自己不拥有的能力或者资源的企业组建联盟，能够相互补强对方的缺点，双方都变得更强。互补性通常包括以下内容：

（1）地域互补性。在自己较弱的地区与在此地区很强的企业组建联盟，能够使企业覆盖更大的市场范围。比如在亚洲和北美市场很强的日产与在欧洲和中南美市场有较大影响力的雷诺组建了战略联盟。

（2）技术、能力互补性。通过与持有自己不具备的能力或技术的企业组建联盟，来提高自己的能力。技术更强的日产与设计和成本优势更强的雷诺的合作是代表性的例子。具备快速服务能力的海尔与制冷技术很强的三洋，也曾组建联盟共同在世界电冰箱产业里进行竞争。

（3）产品线互补。因为能够补强自己企业较弱的产品领域，与该领域较强的企业组建联盟。比如日产在中型车领域较强，与在小型车领域较强的雷诺正好可以互补。

2. 共通基础

仅仅互补并不能带来倍增效果，只有具备共通基础才能使联盟产生倍增效果。共通基础是一个很广的定义，比如，企业经营者经营理念与价值观的类似性，战略方向同一性、技术专业性等核心能力等。日产和雷诺成功组建联盟，很大的一个基础条件就是双方都希望能够通过联盟产生规模经济性，确保能够参与到汽车产业的规模竞争中去。

3. 潜在合作伙伴拥有的价值

潜在的合作伙伴提供的能力，能否给自己企业的顾客带来价值。不管合作伙伴对于自己企业来说有多少互补性，如果该企业的能力和水平较低，那么建立联盟的意义并不大。只有合作伙伴的水平很高，与该企业组建联盟才能带来真正的价值。

4. 差别化程度

潜在的合作伙伴拥有的能力是否是独特的，是非常重要的判断标准。单纯看合作伙伴的能力是否很强也不充分，只有该合作伙伴具备差异化的独特技术或产品，与其组建联盟才有价值。

5. 非模仿可能性

竞争对手多快或者多大程度上能够模仿潜在合作伙伴的能力，也需要多加考虑。不管潜在的合作伙伴现在的能力和水平多高，如果企业拥有的能力很容易的被竞争对手所模仿，那么组建联盟也不能构建起很强的竞争优势。

6. 能力的应用可能性

潜在的合作伙伴所拥有的能力，是否能够应用到某一个产品中去，还有可能应用到很多产品中去，也需要加以分析。如果其能力只能应用到很小的领域，那么没有必要组建复杂的联盟，从市场购买即可。

7. 适当的规模

潜在合作伙伴的规模太大的话，自己不得不在控制联盟时做出更多的让步。而且有可能难以保持自己对于企业的控制。反之，潜在合作伙伴规模如果太小，那么从这个联盟中可学习的内容不多，不能达到组建联盟的目的。

当然，有些小规模公司或者创业型企业，通过与大公司合作，可以有效的提高自身知名度和信用。

8. 容易控制程度

潜在合作伙伴的规模当然重要，如果这个潜在合作伙伴不愿做出让步，而使得自己企业不得不在基本战略或者决策上做出让步，则不应该进行联盟的组建。尤其要注意家族企业与国有企业。

三、合作伙伴的选择范围

从广义上来，组建战略联盟的合作伙伴不一定是同行业企业（Afuah，1998）。从先进买家、特别是在领先用户那里去积极的获取建议，往往能够取得创新的领先机会。与供应商，比如 PC 行业里的企业通过与英特尔等领先供应商建立协调的联盟关系，能够确保自身的竞争优势。同时，现在的竞争对手那里也拥有未来可能成为潜在合作伙伴的人才。与其他一些关联性的企业、大学、研究所等都有组建联盟的价值（Powell et al.，1996）。

比如，随着汽车制造商在组建世界范围的战略联盟，汽车产业中的零部件厂商也急速的与汽车制造商组建着世界规模的战略联盟。因为世界规模的汽车生产体制下，零部件供应也非常有必要是世界规模的供应体制，一家企业已经难以应对，今后汽车企业与海外的零部件供应商之间的互补性联盟也会增加。

第四节　跨国战略合作的动态过程

一、管理战略联盟形成过程：4C 模型

战略联盟的形成过程通常经历四个阶段，称为 4C。第一阶段 Conceiving（发生期）、第二阶段 Courting（接触期）、第三阶段 Commitment（参与期）、第四阶段 Closure（缔结期）（Korine，Asakawa and Gomez，2002）。

第一阶段。战略联盟形成过程的开始期。即 4C 模型中的 Conceiving（发生期）。这一阶段主要的任务是选定潜在的合作伙伴。上面分析的选择合作伙伴需注意的事宜，在这一阶段成为非常重要的判断基准。

应该在冷静分析本公司状况的基础上，选择该与谁合作。但是实际上，比起设定选择合作伙伴的标准并按照此标准选择合适的伙伴，企业往往选择了在过去曾经以某种形式合作过的企业，比如曾经进行过小规模的合作、曾经作为供应商或者买家等进行过交易等的企业（Gulati，1995a，b）。因为与熟悉的企业组建联盟会更有安全感，所以倾向于不会去扩大范围寻找条件更好的合作伙伴。在选定合作伙伴时，没有用合理性标准，而是选择了关系型标准（Dyer and Singh，1998）。不过，日产与雷诺的联盟，则不是选择了熟悉的企业，而是选择了地理距离很远，但是更加合理的合作伙伴。

第二阶段。与选择好的合作伙伴建立关系的时期。相当于 Courting（接触

期）。相互理解对方的长处或者短处等特征以及对方的思路，这个时期对于是否继续进入下一阶段非常重要。此时不仅仅分析对方的长处，对于其缺点也应当给予足够的重视，并提出各类问题，这些工作对于以后双方合作能否取得好的效果有非常重要的影响。但是实际上，多数的企业在此期间倾向于将自己企业的长处展示给合作伙伴。在这一点上，日产和雷诺的合作值得借鉴。双方的最高管理层在达成初步意向之后不到两个月，两家企业已经组建了共同调查团队，讨论建立联盟的倍增效果。这样的努力对于之后联盟的成功运营产生了很大的作用。

第三阶段。对于组建联盟达成了共识，是建立联盟的重要步骤。属于 Commitment（参与期）。相互进行确认建立联盟的意思，更加接近达成联盟。但是现实中，很多企业担心一旦确认后，就没有机会再反悔，或者可能会对自己企业的决策与行动产生影响，所以倾向于拖延这一步骤。日产和雷诺联盟在这一阶段坚决的推进了这一步，在双方组织共同调查后，日产邀请雷诺的首脑在日产总部向董事会报告合作计划和组建联盟能够带来的倍增效果。

第四阶段。面向最终签约的时期。通常在第三阶段，企业可能会产生一些犹豫，因为企业可能会在签约前担心到底组建联盟是否真的对自己的企业有好处。本来应该第二阶段认真执行的通过调查了解双方状况的工作往往在现实中做得并不够，所以到了第四阶段的 Closure（缔结期）才不得不对于合作伙伴进行深入的分析，这会导致联盟建立以后，双方产生矛盾和不和谐。在这一点上，日产和雷诺的行动也值得借鉴，虽然还有传言日产也有可能与戴姆勒克莱斯勒组建联盟，但是雷诺始终坚持与日产组建联盟，表现出诚意与谦虚的一贯性，当然，能够做好第四阶段，也是因为双方在第一、第二、第三阶段时打下了良好的基础。

如上所述，4C 模型在管理战略联盟形成的过程中，作为几个重要的节点，发挥着重要的作用。

二、管理战略联盟形成过程的重要性

上述对于战略联盟形成过程的管理，不单纯是为了达成签订联盟合约，对该联盟形成过程管理的好坏，将对以后双方的合作效果产生极大的影响。

第一效果：深刻理解对方。战略联盟形成期间的调查和相互理解，会在以后对联盟的管理上产生很大的效果。因为在签订联盟合约之前，就详细的了解了对方的长处与短处，能够很有效的减少建立联盟后对合作伙伴产生不满的可能性。而且一开始就能够清楚的知道与合作伙伴建立联盟能够补足自己的短处，能够对联盟所产生的价值有高度的信赖。日产和雷诺的例子中，因为事先双方组织团队彻底进行了共同调查，讨论可能带来的倍增效果，日产的员工也自觉接受了雷诺总裁戈恩的变革建议。

第二效果：有效应对抵抗势力。战略联盟因为是对不同的企业进行的融合，所以肯定会发生很多的冲突，也有很多从一开始就不同意组建联盟的职员。能够有效地应对这些反对职员的方法，也只能是对联盟形成过程进行管理。在这期间，通过紧密地接触和对合作伙伴的调查研究，能够更好的了解合作伙伴，也能更好的理解通过战略联盟达到的倍增效果。所以有效的将抵抗势力融合到联盟形成过程中是非常重要的。日产和雷诺的事例中，当初董事会中也有反对与外部建立联盟的意见，但是雷诺的总裁戈恩基于双方共同调查所获得的数据，在日产总部向日产全体董事做了汇报，造成反对建立联盟是一种时代逆行的氛围。

第三效果：酿成企业家精神。与上述的论点相关联，通过让重要的人员，比如将来会参与联盟运营的人员全程参加战略联盟形成的过程，能够让参与者清楚地认识到合作的优势，使参与建立联盟的人员自己产生要有效利用这次合作的意识，能够形成企业家精神。日产和雷诺的例子中，参加了共同调查的日产员工清楚的知道本公司的处境，理解了未来能达到的倍增效果，所以在联盟建立之后也积极接受并参与了雷诺总裁戈恩提出的一系列变革措施。

三、学习、评价、修正

在建立起战略联盟后，依然需要根据内外环境的变化，对联盟关系做出改变。

Doz 将战略联盟成功的因素分为初期条件和之后的学习流程这两个方面（Doz 1996）。根据他的理论，取得成功的战略联盟，都随着时间的推移而不断的推进，并进行着学习、重新评价、修正的循环。而失败的战略联盟，初期有很强的惰性，之后的学习循环中，重新评价、修正的机制没能发挥作用的情况较多。

战略联盟的初期条件有各种各样的情况。当初认为是完美的关系，一旦组建了战略联盟关系，才发现有各种各样的问题。而且，环境发生巨大变化的情况也绝不少见。所以后期进行学习过程的循环非常重要（见图 8 - 1）。

四、双赢关系

为了使战略联盟获得成功，构建 Win - win 双赢的关系非常重要，而应当避免成为 Win - lose 关系。必须能够很好的管理竞争与协调的平衡。如何对关系进行战略性协调是成功的关键（Hamel，1991；Hamael，Doz and Prahalad，1989）。

想要形成 Win - Win 关系，需要在合作伙伴之间形成信赖关系。而且，不应仅仅着眼于构建短期的利益关系，应当有意识的构建长期的协调关系。也不是要超越合作伙伴，与合作伙伴共同提升能力才是战略联盟的最高目标。

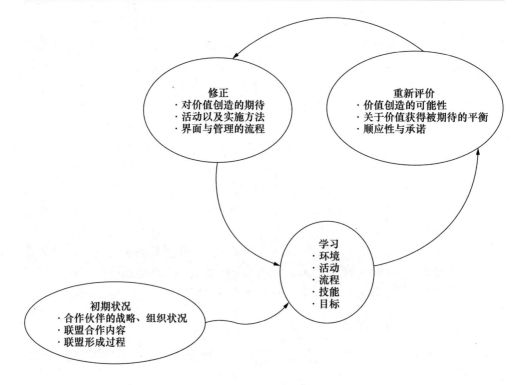

图 8 - 1　学习过程循环

资料来源：Doz and Hamel（1998）。

第五节　国际战略联盟的终结

对于国际化战略联盟的管理尤其困难，也有非常多的失败案例。根据 Spekman 等对美国企业的调查，约有 70% 的联盟在缔结 5 年后终结了联盟关系（Spekman et al. 1997）。

为什么联盟会终结？Serapio 和 Cascio（1996）对于联盟的解体原因进行调查，得出了如下结论：

经营管理的实践中，双方的管理行为差距太大，进行调整与协作非常困难。

双方的企业文化差距过大。

联盟协议破产。

战略联盟不能再适应各自公司的战略等。

联盟中的企业出现财务问题。

已经达到了当初建立联盟的目的。

战略联盟关系终结时，包括有计划进行的和自然发生的两种情况。有计划终结的情况多数是战略性的行为，而无计划终结多数是超越了当初的预想，发现战略联盟运营的难度非常大。

Serapio 等认为战略联盟缔结时应当留意以下几点教训：

建立联盟之前，详细了解潜在的合作伙伴。

详细了解合作伙伴所在国家。

建立联盟之前，互提严厉的问题，以明确联盟能否产生倍增效果。

注意与合作伙伴个人的关系。

第九章　跨国人力资源战略

本章将对于跨国经营人力资源管理相关的理论和事例进行分析。跨国经营中，人是所有领域里最容易受到当地独特的社会经济文化影响，所以不能简单的将世界标准的人力资源管理实践复制到某个国家或地区就行了。如何更好的调动起各国职员的能力，是跨国企业的重大课题，为了达到这一点，需要在经营管理上做出很多的努力和改进。

第一节　国际化的进展与人力资源管理

下面根据前面章节里提到的企业国际化发展阶段，分别对各阶段人力资源管理的重点进行分析。

一、未国际化阶段

这一阶段，因为企业的经营管理活动都在本国内部开展，人力资源管理也与海外没有关联。仅仅是进口原材料或者出口产品时，可能与国外的企业有所接触，但很多时候也是通过代理商进行，所以实际上不存在与海外的接触。或者因为外资的跨国企业进入本国市场，可能会跟外资进行竞争，但是也不会出现跨出国境与海外进行人力资源方面的接触。所以说，在这一阶段，基本上不涉及人力资源的国际化管理问题。

二、出口阶段

企业发展到有产品向海外出口阶段后，如果是通过本国的代理商进行出口，那么人力资源管理依然不会有国际化的因素。开始向海外的代理商进行出口的阶段，才开始与海外有一些接触。

这时会要求企业的国际业务部的员工懂一些外语，以应对与海外买家的谈判或者简单的合同制作等，但是不要求掌握海外商务活动以及海外市场的深度知识。不过，随着企业国际化不断的推进，精通海外业务的人才变得越来越重要。

三、海外子公司设立阶段

在海外推进本土化，开始在海外设立子公司，进入这一阶段，人力资源管理领域也开始国际化。在企业总部，需要一些比较熟悉如何在海外运行又能与海外当地员工进行交流的人才。而且这样的人才不仅是配置到国际业务部就可以，因为海外相关的业务与国内完全分开的时代已经过去了，随着自身产品的国际化，每个事业部都需要配备能够进行国际商务活动的人员。

那么，海外子公司里的人才如何呢？这里有总部派来的海外派驻人员，也有当地雇用的本土员工。企业对于海外派驻人员应该发挥的作用有以下几点要求：首先，要成为总部与海外子公司之间管理的桥梁和纽带。其次，派驻人员要向海外子公司传达来自总部的战略和方针，同时将本土员工的想法也转达给总部。派驻人员通常不会忘记前者，也不应该忘记后者。也就是说，海外派驻人员需要理解总部方针的基础上，对于海外当地的情况进行深入的理解，具备平衡好双方的能力。为了做到这一点，需要具备与当地员工沟通的能力、管理人才的能力等。最后，海外派驻人员不仅需要精通所负责的业务，还需要熟悉海外当地的文化、习惯、语言等，这不仅能使派驻人员更好的适应当地生活，也更容易得到当地员工的信任和配合。

那么当地员工需要具备什么能力，发挥什么作用。海外子公司刚设立时，承担重要职能的当地员工并不多。但是，随着海外子公司职能的不断增加，当地员工的作用也要逐渐增加。特别是需要更好的利用当地特有的知识或者经验的阶段，需要当地员工发挥巨大的作用。一般的印象是，美国和欧洲的企业更善于充分利用海外当地员工的能力，也给予当地员工更高的职位。而日本企业海外子公司里的重要职位一般由派驻的日本人担任，所以难以招聘到特别有能力的当地员工，或者招聘到有能力的当地员工，也因为升职空间过小，而选择跳槽。这是日本跨国企业应当解决的问题。

四、跨国子公司网络阶段

企业国际化继续发展的话，海外子公司所承担的战略性功能就变得非常重要，总部与海外子公司的上下从属关系会逐渐向更加对等的关系发展，这样的例子虽然还不存在，但是理论上是一种很理想的组织形态，那么进入这样的阶段后，应当如何进行人力资源的管理？答案应该是企业内所有部门的人才都具备跨国管理者的资质，不管在总部还是在海外子公司工作，都能够从全球视角考虑问题，自己负责的即使是本地业务也应该从全球地理布局的角度，考虑自己企业整体的作用，从事特定的职能和负责特定产品的员工也同样如此。这样的人才很难找到，也很难培养，所以挖掘和培养全球化的人力资源是跨国公司一项重要的工作。

第二节　海外驻在员的派遣管理

从总部向海外子公司派遣驻在人员时，往往不进行充分的事前准备就送出的情况较多，但是为了使海外派遣更加成功，应当从长期职业发展的角度看待派驻工作，提供充分的培训，做好事前准备工作。派出之后也应当对该员工在海外的工作等进行适当的支持和帮助。海外驻在结束归国后，也不应该忘记对该员工的状况进行跟进与关心。

一、派出前的准备

将员工派驻到海外时，作为职场人力资源岗位轮换的一个环节，一般需要对胜任该职务所需的技能、经验、知识与该员工的能力进行对照。如果要派去国家的文化、社会、语言等没有特别大的特殊性，往往单纯从工作内容等角度进行选拔。因为企业的人事部门没有时间和精力对一个员工海外工作的适应性、对该地区的关心、该员工在海外学习或旅行的经验、其外语能力的高低等多方面的信息进行收集，进行综合判断。

但是，想让派驻人员在当地的工作更加成功的话，不单单需要关注工作本身的功能性，还要对员工的性格、经验、适应性等个人因素进行考量，从而更加综合的选拔合适的人选。

接下来，被选拔出来的员工会进行一些准备工作，但是，对于要前往国家的习惯、文化、历史等进行培训的情况很少。这种重点对于工作内容进行培训的准备工作不能称得上是充分。对于其本人甚至同行的家族成员进行跨文化内容的培训变得越来越重要。

二、派遣初期

人员被派遣到海外后的初期阶段，即使有问题一般不会显露出来，因为驻在员本人和其同行的家族等都在努力的适应新生活和新的工作环境，这时子公司也往往很欢迎新来的派驻人员，并提供很多友好的支援，这时候还处于"蜜月期"。

这个时期，派驻员本人与其同行家族处于不同状态的情况很多。派驻员本人在公司忙于工作，过得非常充实。而其同行的家族往往不会工作，一开始就被置身于社会中。

三、派遣中期

这个时期，初期的"蜜月期"结束，海外的生活逐渐成为日常状态，这一时期，在海外的工作会碰到各种困难，不能像当初想象的那样顺利进行跨文化的交流，遇到很多的文化冲击。派驻人员会努力去适应当地文化里的工作方法和习惯，但是很难适应好。作为总部派来的驻在人员的立场会与当地员工的立场产生分歧，与当地员工进行交流也遇到困难。

经过较长时间的努力，派驻人员总会逐渐适应当地的职场环境，入乡随俗的学到处世哲学。也逐渐习惯与当地员工的接触方式，开始成为总部与海外子公司的联络途径。

实际上很多的人，到了这一时期仍然难以适应该国的社会和职场，很快就不得不回到母国，或者辞掉工作。其中很多人并不是因为工作上的理由，而是因为不能适应当地生活或者不能与当地人进行很好的沟通。

产生这样的问题，往往是因为派驻人员的选拔方法不合理或者派遣前的培训不充分。如果当初不单从工作的角度，而是从该人在海外工作的适应性、兴趣、能力等多个角度进行选拔，以及不单对其本人，也对其同行家族进行跨文化知识的培训，那么到了这一阶段应该能更好的适应海外生活和工作。

四、回国时期

终有一天派驻人员会迎来结束海外派驻的日子，要回到母国。

海外派驻期间，没能很好的适应当地社会的派驻人员，会急切的期待回到母国，并否定在海外当地的工作经验，美化自己母国的社会体系、工作方式、文化习惯等。与最初前往海外时不一样，因为认为是回到自己熟悉的母国，所以不担心任何事情，以为当然可以再适应母国的生活和工作。但是，一旦回到母国，才发现自己对于母国的美化也是一种过度的幻想，而且想当然的认为能够很快再适应母国社会的想法太天真了，很意外的会碰到一些再适应的问题。

那些海外派驻期间很顺利的就适应海外当地的社会和职场的人，在海外工作期间能适应当地的能力，回国后也能很快的再适应母国的工作方式和社会环境。

五、回国后

海外派驻人员回国后，会面临各种各样的问题，这不仅是派驻人员个人的问题，也应当是人力资源部门的问题。

为了让归国后的派驻人员更顺利的在母国的工作岗位开展工作，人力资源部门的负责人应当进行相应的支持工作。人力资源部门应该认识到，再适应母国与适应海外当地同样是有难度的。

有些海外派驻人员会认为海外的工作与母国的工作是完全不一样的，不会将海外获得的经验应用到母国的工作中，在非常需要从海外获得的创新资源、技术、能力、经验的今天，这种思维不一定是好的。如何才能促使他们将海外获得的经验应用到母国的工作中，是今后很重要的课题之一。

第三节　驻在员的适应和失败的各要因

海外派驻人员因为各种各样的原因，不能很好的完成当初被期待的结果有很多。这样的事情不仅对企业，对其本人和其家人有可能成为较大的负担。对于企业来说，是费用和效率的损失，对于个人来说，对其职业规划，对于家庭来说也有一些影响。

一些对于美国、欧洲、日本跨国企业的研究指出，各国企业的海外派驻人员失败的比例是不一样的，其中美国企业海外派驻人员失败的比率最高，日本企业最低（Tung，1988，Black et al.，1992）。

这样的失败是如何产生的呢？根据相关研究，从宏观层面来看，国家（母国、海外当地国）以及两国间文化的差异会产生大的影响（Mendenhall and Oddou，1985）。从企业层面来看，企业的人力资源管理等企业的因素也非常重要（Tung，1988）。另外，派驻人员自身以及其家人也有一些影响（Black et al.，1992）。

一、国家的原因

海外国家当地的原因，主要是指促进或者妨碍派驻人员适应的一些因素。比如该国的文化比其他国家更难以适应，该国的文化与派驻人员母国的文化相通的程度等。一般来说，文化差异越大，则派驻员受到的文化冲击越大，更难以适应（Black and Mendenhall，1991）。

海外当地国家的因素还包括该国对于外资的态度和民族主义的程度，以及派驻人员与当地管理人员的职能关系等因素。比如，有的国家积极的希望吸引海外直接投资，为跨国企业创造非常有吸引力的外部环境。而有的国家则将外资视为可能威胁自己国家主权的东西（Vernon，1971）。更有甚者，对派驻到该国的跨国企业人员的人数和能够承担的职务也有限制。

母国的原因也对海外派驻人员的适应和海外工作绩效产生影响。比如，他们对于海外当地国家的文化即使再精通，对于组织的认知还是深深的根植于其母国的文化（Laurent，1983）。自己国家文化的多样性也会产生影响。可以想象像日本、韩国等单一民族国家对于不同文化的容许度要比美国和欧洲小（Tung，1988，b）。

二、企业的原因

企业层面的原因也对海外派驻的效果产生影响，根据企业派遣的目的是什么，在很大程度上就决定了人选，相应的也影响了能够达成的效果（Edstrom and Galbraith，1977）。

派驻人员在海外适应的成功与否跟人选、培训内容、配置与职位转换、支援、职业发展以及培训系统等战略性的人力资源管理因素紧密相关。美国等国的企业，不仅对派驻人员本人还应对其配偶和家族进行培训，具有一定好的效果（Harvey，1985）。

一个重要的原因是晋升、薪酬、激励等因素。其中最为重要的是，这些针对海外派驻人员的特殊设计要被认为是公平的才好。海外派驻人员的薪酬一般被设定的较高，往往会导致母国和海外当地国家的管理人员都感到这是不公平的。如今很多的企业认为海外派驻相关的费用太高。另一个原因是如果海外派驻经验对于该员工的职务晋升并不重要的时候，会导致海外派驻人员的士气低落（Black et al.，1991，a）。

三、个人与家族的原因

个人与家族的原因包括有无海外工作或学习的经历、年龄、社会身份、派驻人员与配偶等问题。这些原因对于海外驻在人员适应海外当地国家有很大的影响（Black et al.，1991）。对于适应海外派驻生活较为重要的个人特征包括其动机水平、技术能力、处理海外职责的能力等。

对于不同文化的适应程度，与海外派驻人员个人开放的性格、自信、人际关系技能、好奇心等个人的属性紧密相关（Kets de Vries and Mead，1991）。海外派驻人员适应能力也与他更喜爱母国还是更喜爱海外当地国家的文化有关（Brannen，1993）。海外派遣失败还有一个很大的原因是派驻人员的配偶或者家人的问题（Black and Stephens，1989）。

第四节　全球网络时代的国际人力资源管理

截至目前，从海外子公司的人力资源管理以及海外派驻人员的管理等角度，对跨国经营的人力资源管理的主要论点进行了梳理。

可以设想在以后的跨国企业经营中，将总部与海外子公司进行区分的意义已经不大，而是应当将全世界的海外据点看作一个整体网络，对跨国企业进行分析。这时区分总部派来的派驻人员还是当地雇用的员工，也不再妥当。在包含了总部、海外子公司的跨国企业网络中，如何进行人才的配置，让他们承担什么样的职能是跨国企业重要的一个课题。

下面以世界规模的创新这一未来的跨国经营中不可欠缺的要素为中心，对于在各个海外据点进行人员配置和职能的分担进行说明。

一、外部知识感应者

跨国企业为了在世界范围内使自己的竞争优势得以持续，需要获取支持其全球竞争的知识资源，促进创新，稳固自己的竞争优势。

这时非常重要的是向分散在海外的各个据点，配置能够感知当地特有的重要知识等创新资源的人员。一般来说，越是价值高的资源越依附或者黏着于当地特有的环境，如果不是对当地文化社会环境等特别熟悉的内部人，就难以接触到这些知识。所以，最适合承担这样的外部知识感应职能的人选是当地聘用的员工。应当向这些员工传达对于本企业来说重要的战略方向是什么，并鼓励当地员工接触并获取有利于企业发展的当地知识资源。

实现上述职能需要向当地员工给予较高的自律和提供足够的信息（Asakawa，2001，b）。如果总部对他们进行严格的控制，不仅不能使他们自由的发挥这种获取当地重要资源的能力，还有可能导致他们丧失士气。反之，如果给予他们过度的自由，放任其工作，则不能清晰的向当地员工传达企业的需求是什么和企业正在寻找什么样的知识和技术。

这里最为重要的是，如何向合适的地点配置合适的人才。但是往往并不清楚未来所需的资源从哪里可以获取到。所以，如何向各据点配置有能力的人才，给予其一定的自由度，提高士气，有效利用当地员工熟知当地的优势，来获取当地特有的对于企业有用的资源是今后跨国企业运营中获取竞争优势的重要课题。

二、对内知识中介者

如上所述，外部知识感应负责从外部进行知识的寻找和获取，但是仅仅获取到外部知识还不够。在各个海外分支机构获取的知识向企业内部转移，与现有的知识进行融合之后，才能产生新的价值，从这个意义上来说，对内进行知识中介的作用很大。

对内知识中介者应该具备的资质与前述外部知识感应者有较大的区别。外部知识感应需要精通当地的状况，熟知当地特有的知识，而且拥有外部人际网络关系。对内知识中介需要在企业内部各分支机构、其他部门之间进行知识的中介，所以需要在企业内部具有良好的人际关系，而且需要具有理解海外当地特有知识价值的能力，以及推动这些知识在企业内部网络、其他部门进行应用的能力。

当地国籍的本土员工在获取当地特有的外部知识时更加合适，进入企业内部转移与应用阶段后，能够从企业整体的角度进行考量的人才会更加合适。实际上，与承担外部知识感知功能的当地员工有着密切沟通、对当地状况较为精通的海外派驻人员担任内部知识中介的情况比较多。

三、新知识活用者

这个职能是指如能将分散于世界各地的知识获取到企业内部，并通过内部中介转到企业各分支机构和各部门进行高效的利用。有的知识因为当地特殊性很强，导致转移到别的地方也难以被利用。这种情况下，新知识活用者的作用是尽量保持所获得知识的价值的同时，将其转换成适合新地点文脉的知识。承担这样职能的人才所需要的资质是精通新地点的背景，也熟知知识的内容和价值。

能够承担这种职能的人才是拥有在此地长年生活的经历，对于该地点的社会文化非常熟悉，对市场需求有很好理解的人。而且，应当是对于其他部门、其他分支机构的知识不排斥，具有开放心态的人才。

四、本土意识的跨国公民

为了促进世界规模的创新，构建世界规模的竞争优势，需要外部知识感应者、内部知识中介者、新知识活用者都发挥作用。这些作用单独发挥效果不好，需要相互协作。

也就是说，外部知识感知者获得的外部知识，通过与内部知识中介者的合作，将知识向企业内部其他分支机构、其他部门转移，内部知识中介者在进行知识转移时，通过与知识活用者的协作，促进知识在企业内部分支机构和部门进行适宜的应用。

从这个意义上来说，要求他们还得具备与其他分支机构、其他部门进行顺畅沟通的能力。

这些关键人物，既需要拥有其所属分支机构的本土意识，又需要承担促进全球规模知识流动的作用，所以称他们为本土意识的跨国公民。

第十章 国际企业管理中的文化

跨国经营的最大特征就是处于多样的文化中，如果不能正确的理解一些看不见的不同文化的差异，就不能正确的理解超越国境的经营现象。本章对于跨国经营中不可避免的跨文化管理的论点进行分析。

第一节 跨国经营和异国文化

跨国经营中对各国文化的理解是极其重要的。国际商务人士对于异国文化的无知会导致商业上很大的代价（Zaheer，1995）。

文化既有可以看见的部分，也有价值观、理念等看不见的部分。

文化的可见部分多是已经形式知化的内容，外国人也很容易理解。跨国商务中也容易注意到。而看不见的部分是更应该加以注意的，比如人的态度和行为是可见的，而这种态度和行为背后的理念、价值观很难去理解。包括对于正义感的内容、判断善与恶的基准、对于公平的理解等是典型的例子（Kim and Mauborgne，1991）。

在此对于文化的概念进行整理。

文化是人们为了对经验进行解释，为了发起社会行动所使用的知识。这些知识形成价值观，创造态度，影响行动。文化具备以下特征，即文化不是生来就有的，而是可以通过学习和经验的积累而获得的东西。它是隶属于某些集团、组织、社会的人们之间共有的，不仅隶属于个人，而且会传递给下一世代。文化是某些东西的象征。文化有其构造，单个的构成要素相互关联。文化基于人们的变化和适应等能力（Hodgetts and Luthans，2000）。

有研究者将目前对于文化的上百种定义进行了综合，提出了整合后文化的定义。即文化是通过一些象征而获得并进行传达的明示的或非明示的行动所形成的、构成了人类集体特有的行为，所以文化本质的核心是由传统的各个（从历史中由来，被历史选择的）概念，特别是附着于各种概念中的价值观所构成的。文化系统一方面是指各类行动的产物，另一方面又是决定将来行为的条件设定要素（Krober and Kluckhohn，1952；Adler，1991）。

也有研究者将文化的组成要素进行了分析。即某个社会集团全部或者接近全部的成员所共有的东西，某社会集团的老人试图向新人传承的东西，道德、法律、习惯等体系化了的行动或人们的世界观（Carrol，1982；Adler，1991）。

价值观的不同是跨文化经营的课题之一。确实根据国家不同，人们的价值观是不一样的，但是将这种不同固定到某种文化中，进行夸张也有其危险性。Trompenaars 和 Hampten – Turnerk（1998）的分析指出，两国文化的不同，如曲线的平均值不同，确实能够看出来，但是不能认为所有这个国家的人具有这样的特征。比如，日本人与美国人相比较，平均来看，日本人整体上集体主义的倾向要明显，美国人个人主义的倾向更加明显，但是实际上，比美国人更加个人主义的日本人或者比日本人更加集体主义的美国人也大有人在。

第二节　各国文化的类型

对于各国文化的研究结果显示，各国文化中对于某些问题的优先顺序是不一样的。主要表现在集权与分权、个人与集体、正式与非正式、风险与安全、短期与长期、安定与创新、竞争性与合作性等（Hodgetts and Luthans，2000）。简单地说进行文化比较是比较模糊，难以进行的。所以多数研究都是沿着特定的几个维度进行的。下面对于该领域几个著名的研究进行总结。

一、Hofstede 的研究

Hofstede 对于跨文化研究做出了重要的贡献。他针对 IBM 在全球近 70 个国家的 11 万多名员工做了问卷调查研究，样本非常大，因而其研究在以后被广为引用。

从大量的调查数据中，Hofstede 试图找出能够解释导致大范围文化行为差异的因素。他最后总结出五个方面用来分析各国的不同文化：权力距离、对不确定因素的避免、个人主义/集体主义、男性化/女性化、长期导向/短期导向等。

1. 权力距离

权力距离是指组织或者集团中权利较弱的群体对于权利不平等分布状态的接受程度（Hofstede and Bond，1984）。具体来说，威望、组织地位及在组织的层级结构中的层次有多重要？作为一种职位功能，它赋予管理者哪些决策的权力？员工们应该在何种程度上服从管理者的意愿和决定？该国文化对权威的敏感、依赖和崇拜程度如何？为了回答这些问题，Hofstede采用了权力距离的概念。

权力距离大的国家，倾向于无条件接受上司的命令。而且不仅是基层人员这样，高层人员也有这种倾向。在亚洲和南美国家，比如韩国、印度、墨西哥经常可以观察到这种现象。相比之下，美国和北欧国家的员工赞成较低权力距离，并不大可能完全相信管理者肯定正确。因此，美国和北欧的许多员工表现出不盲目服从管理者的倾向。

2. 不确定性规避

所谓不确定性规避，指的是一个社会文化对不确定性和模糊情景所感受到威胁的程度（Hofstede，1980）。不确定性回避较高的国家，试图提供较大的职业安全，建立更为正式的规则，不太容忍偏离的观点和行为，相信绝对知识和专家评定等手段、管理者也不挑战高难度工作而是试图规避风险，组织也不太分权，基层管理者的权限较小，劳动者倾向于停留在一个组织中，人员流动性低。诸如希腊、葡萄牙和比利时等国的雇员具有高度不确定性规避特征。

而不确定性规避较低的国家，其组织行动更加柔性，规则也更加松弛，员工更有野心，愿意负担风险，劳动力流动性更高，组织构造更加扁平化，组织更加分权，基层管理者的权限相对较大。较低不确定性规避的国家包括爱尔兰和美国等。

3. 个人主义/集体主义

个人主义是指各自优先考虑自身以及家族事情的倾向，是一种松散的社会结构。而集体主义是指人们归属于集体与共同体，以忠诚心换来互相帮助的倾向，是一种紧密的社会结构（Hofstede，1980）。Hofstede认为，个人主义的倾向与国家富裕程度呈现出正向相关性关系。

重视个人主义的文化倾向于强调个人权利与自由，非常松散地结成社会关系网，并及其关注自尊。对本人的职业和个人酬劳尤为重视。美国具有个人主义文化。

集体主义者重视团队并推崇成员之间的和谐。个人感情服从团队整体利益，保全面子在集体主义文化中至关重要。成功地保全面子时，一个人在团队中的地位也就得以维系。日本是高度集体主义的国家。

4. 男性化/女性化

男性化是指社会的支配性价值观是成功、金钱、物质等。而女性化是指社会的支配性价值观是人际关系和生活质量（Hofstede，1980）。一般可以从对性别角色定位的传统和保守程度、对获取财富的推崇程度、对人际关系和家庭生活的重视程度去考虑。男性化社会以更加传统和保守的方式定义性别角色，而女性化社会对于男女两性在工作场所和家庭中扮演的大量角色则持较为开明的态度。此外，男性化社会推崇获取财富；女性化社会珍视人际关系，关心他人，以及看重家庭生活与工作之间更好的平衡。

男性化程度高的社会，人们对于赚钱、名声、晋升等职业上的成就给予更高的评价。而女性化程度高的社会，人们更加注重协调性、友情、互助精神、好的氛围、职业安定性等。

男性化程度高的社会，人们倾向于去大企业工作，比起环境保护人们更关注经济成长。反之女性化程度高的社会，人们倾向于在规模小的企业工作，更重视环境保护。

北欧国家是具有最富女性化气质的文化，日本则存在显著的男性化文化，美国的男性化文化要相对温和一些，处于中间位置。

5. 长期取向/短期取向

后来，Hofstede 补充了基于亚洲儒家价值观的一个新的文化维度，更新了自己的学说，这个维度就是长期取向。

长期取向的文化里，人们关注未来，重视节俭和毅力。认为应该多储蓄，固执坚持以达到目标，认为节俭是重要的，对社会关系和等级关系敏感，愿意为将来投资，注重实效的传统和准则，愿意接受缓慢的结果。这种社会也会多考虑人们的行为将会如何影响后代。比如儒家文化影响下的日本，国家或者企业愿意以长远的目光进行投资，每年的利润分红并不多，最重要的是考虑通过逐年进步和积累以达到一个长期的目标，与供应商等企业间的关系是长期安定的。

反之，在短期取向的文化里，价值观是倾向过去和现在的。人们尊重传统，关注社会责任的履行，但此时此地才是最重要的。比如，美国的企业更关注季度和年度的利润成果，管理者逐年或逐季对员工进行的绩效评估，关注利润，与供应商等企业之间的关系也是短期的。

二、Trompenaars 的研究

Trompenaars 在前述的 Hofstede 五维度文化研究基础上，增加了时间与环境等维度，对各国文化进行了比较研究。他所提出的跨文化分析框架包括以下维度，普遍主义/特殊主义、个人主义/集体主义、中性/情绪化、关系明确性/关系扩散性、成就文化/归因文化、时间取向、环境等。

1. 普遍主义/特殊主义

普遍主义是指以规则为基础的行为价值取向，理论与实践不需要更改，任何

地方都适用。普遍主义高的文化中,人们更重视正式的规则。美国、澳大利亚、英国、德国是高普遍性社会。

而特殊主义是以关系为基础的行为价值取向,受环境制约,特殊主义高的文化中,人们更加重视关系和信赖。韩国、俄罗斯、委内瑞拉、中国、印度尼西亚与阿拉伯国家是高特殊性社会。

2. 个人主义/集体主义

个人主义是指人们将自身看作个人,而集体主义是指人们将自身看作是集体的一部分。美国、墨西哥、阿根廷文化里个人主义程度较高。而新加坡、泰国、日本等国的集体主义倾向更高。

3. 中性/情绪化

人际交往中情绪表露含蓄的文化被称为中性文化,而情绪表露鲜明夸张的文化被称为情绪性文化。日本、英国、印度尼西亚、印度是高中性国家,人际交往中很少有身体接触,沟通和交流也比较微妙,需要用心领会。而墨西哥、瑞士、荷兰、科威特、埃及、西班牙、意大利、法国是典型的情感文化,这些国家的人际交往中情绪表露是自然的,认为情绪是加强自己观点的重要手段。

4. 关系明确性/关系扩散性

明确性文化中的个体有很大的公共空间,公共空间愿意与他人分享。但私人空间严格限制他人进入,仅仅愿意与亲密关系的人分享。工作与私人生活严格分开,在特定领域会有特定的交往人群。美国、澳大利亚、英国是典型的明确性文化。

而扩散性文化中个体公共空间与私人空间是重叠的,工作与私人生活常常无法分开。中国、委内瑞拉、西班牙等属于关系扩散性文化。

5. 成就文化/归因文化

成就文化是指人们的地位与业绩必须一致,给予取得高成就者、高业绩者较高的评价,只要取得成就就会得到社会的认可。美国、瑞士、澳大利亚等属于成就文化。

归因文化根据出身、血缘、年龄、性别及社会联系等因素确定人们的地位与身份。印度尼西亚、中国、委内瑞拉属于高归因文化。

6. 时间取向

不同文化里人们对时间的观点有差异来自两方面:一方面是对时间持续性与同步性的理解;另一方面是对过去、现在和未来的理解。

将时间视为持续性的文化(比如美国、英国)认为,时间是由不同的“点”连接起来的“直线”,一段时间只做一件事,强调“准时”与“秩序”,按计划行事,一个预约接一个预约,时间被视为一种商品,认为将来比过去现在更重要。

而墨西哥等国家认为不必按照时间表按部就班的行事，随机应变调整。更关注过去和现在。

7. 环境

关于环境有两种不同价值取向的认知。一种是控制环境的或称为内在控制的价值取向，比如美国等文化认为能够主宰自己的命运；另一种是适应环境或称外在控制的价值取向，比如中国等文化中认为应当灵活、主动妥协、紧随环境的变化。

三、Hall 的研究

Hall 的研究提出了高语境（High Context）文化与低语境（Low Context）文化的区别，并比较了两种文化的区别。语境是指有助于信号传达的沟通信息。高语境社会里人们共有一些共通的社会文脉，暗默知与非语言沟通发挥的作用非常大。而低语境社会里，人们之间的共通的社会文化基础不存在，职能通过明确的语言来进行明确的沟通。

举例来说，高语境文化中，开会时，谁出席会议包含着重要的信息。因为随着会议出席人员的身份，参会人员的行为与发言也会改变。而低语境文化中，会议仅仅是达成个人目的的一种手段（Hodgetts and Luthans，2000）。日本和阿拉伯国家属于高语境文化社会，而瑞士、德国等属于低语境文化社会。

四、跨文化管理的难度

至此对于各国文化中的多样性，从多个维度对其差异性进行了总结。这些差异在一个国家开展商务活动时影响并不大。但是在如今国家间的相互依存度很高的经济社会里，这些文化的差异会对跨国经营产生很大的影响。

导致跨文化经营困难的原因是狭隘主义（Parochialism）（Hodgetts and Luthans，2000）。这是指以自己的观点去理解他国文化的倾向。特别是发达国家的跨国经营管理者前往发展中国家时也认为自己国家的文化是更好的，并认为自己国家的最先进技术和经验等可以在海外当地也适用，这就可能产生问题。

另外，单纯化（Simplification）的倾向也容易出问题。单纯化是指对于所有不同的文化用同一种方式应对（Hodgetts and Luthans，2000），这种做法在异国文化或者多文化应对时极有可能导致问题发生。

第三节 组织文化的国际比较

在跨国经营中，很好的了解当地环境是非常重要的。所以，比较不同国家的文化是很重要的。但是与此同时，在跨国经营中，企业组织也有其自身文化，且受国家的影响。

Trompenaars（1994）提出了组织文化分类的框架（见图 10 - 1）。根据其理论将组织文化分为四种类型：家族文化、保育器文化、导弹文化、埃菲尔铁塔文化。

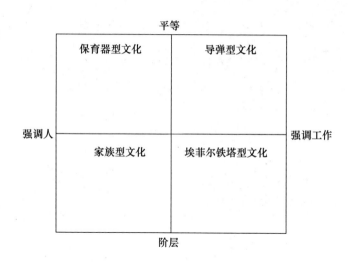

图 10 - 1 组织文化的类型

资料来源：Trompenaars（1994）。

1. 家族型组织文化（Family Culture）

强调阶层和人的文化。家族文化是一种古老的文化，是与人相关的文化，而不是以任务为导向的。在这种文化中，组织的领导者就像是组织的父亲，有较高的权威和权利。组织更倾向于直觉的学习而不是理性的学习，更重视组织成员的发展而不是更好的利用员工。当组织出现危机，通常都不会被公布出来，所以尽管在组织内部温暖、亲密和友好，但是这种内部一体化难以对外部做出适应，而有可能导致企业破产。属于这类型组织文化的国家和地区有：日本、土耳其、巴基斯坦、中国、中国香港、新加坡。

2. 保育器型组织文化（Incubator Culture）

这是一种既以人为导向，又强调平等的文化，典型的代表就是在美国硅谷的创业型企业。这种文化下企业富于创造性，孕育着新的观点。由于强调平等，所以这种文化的组织结构是最精简的，等级也是最少的。在这样的文化中，组织成员共同承担责任并寻求解决办法。

3. 导弹型组织文化（Guided Missile Culture）

这是一种平等的、以任务为导向的文化。在这种文化中，任务通常都是由小组或者项目团队完成的，但是这种小组都是临时性的，任务完成之后，小组就会解散。成员们所做的工作都不是预先设定好的，当有需要完成的任务时，便必须去做。属于这类型组织文化的国家有：美国、英国、挪威、爱尔兰等。

4. 埃菲尔铁塔型组织文化（Eiffel Tower Culture）

因为这种类型文化下的组织结构看起来很像埃菲尔铁塔，等级较多，且底层员工较多，越到高层人数越少，所以被称之为埃菲尔铁塔文化。每一层级对于其下一层级都有清晰的责任，所以组织员工都是小心谨慎的。在这种文化的组织中，组织成员都相信需要具备一些必要的技能才能保住现在的职位，也需要更进一步的技能才能升迁。属于这类型组织文化的国家有：丹麦、德国、法国、苏格兰、澳大利亚、加拿大等。

参考文献

1. Aaker, D. and E. Joachimsthales (1999) The lure of global branding. *Harvard Business Review*, November.

2. Adler, N. (1991) *International Dimensions of Organization Behavior* (second edition). PWS – Kent Publishing Company. Boston, MA.

3. Afuah, A. (1998) *Innovation Management.* New York: Oxford University Press.

4. Almeida, P. (1996) Knowledge souring by foreign multinationals: Patent citation analysis in the U.S. semiconductor industry. *Strategic Management Journal*, 17 (s): 155 – 165.

5. Asakawa, K. (1996) External – internal linkage and overseas autonomy – control tension: The management dilemma of the Japanese R&D in Europe. *IEEE Transactions on Engineering Management*, 43 (1): 24 – 32.

6. Asakawa, K. (2001b) Organizational tension in international R&D management: the case of Japanese firms. *Research Policy* 30 (5): 735 – 757.

7. Baliga, R. and A. Jaegar (1984) Multinational Corporations: Control Systems and Delegation Issues. *Journal of International Business Studies*, 15 (3): 25 – 40.

8. Ball, D. and W. McCulloch (1999) International Business. Boston, MA: Irwin/McGraw – Hill.

9. Barney, J. (1991) Firm resources and sustained competitive advantage. *Journal of Management*, 17 (1): 99 – 120.

10. Barney, J. (2001) *Gaining and Sustaining Competitive Advantage* . NY: Prentice – Hall.

11. Bartlett, C. (1986) Building and managing the transitional: The new organizational challenge. In: M. Porter (ed) *Competition in Global Industries*. Boston: Harvard Business School Press.

12. Bartlett, C. and S. Ghoshal (1989) *Managing Across Borders: The Transnational Solution.* Harvard Business School Press, Boston, MA.

13. Behrman, J. and W. Fischer (1980) *Overseas R&D Activities of Transnational Companies.* Cambridge, MA: Oelgeschlager, Gunn and Hain.

14. Black, S. and G. Stephens (1989) The Influence of the Spouse on American Expatriate Adjustment and Intent to Stay in Pacific Rim Overseas Assignments. *Journal of Management*, 15 (4): 529 – 544.

15. Black, S. and H. Gregersen (1991) Antecedents to Cross – Cultural Adjustment for Expatriates in Pacific Rim Assignments. *Human Relations*, 44 (5): 497 –515.

16. Black. J. S. , Mendenhall M. (1991) The U – Curve Adjustment Hypothesis Revisited: A Review and Theoretical Framework. *Journal of International Business Studies*: 225 –247.

17. Black, J. S. , Gregersen, H. B. & Mendenhall, M. E. (1992). *Global assignments.* San Francisco: Jossey – Bass.

18. Brannen, M. Y. (1993) Embedded cultures: The negotiation of societal and organizational culture in a Japanese buyout of a U. S. manufacturing plant. Presented at the Annual Meeting, Academy of Management, Atlanta, Georgia.

19. Cantwell, J. (1989) *Technological innovation and multinational corporations.* Oxford, Basil Blackwell.

20. Carrol, M. (1982) Culture. In: J. Freeman (ed.), *Introduction to Sociology: A Canadian Focus.* Scarborough: Prentice Hall.

21. Caves, R. (1971) International Corporation: The Industrial Economics of Foreign Investment. *Economica*, 38, 1 – 27.

22. Chandler, A. (1962) *Strategy and Structure: Chapters in the History of the Industrial Enterprise.* Cambridge, MA MIT – Press (1962).

23. Chiesa, V. (1995). Globalizing R&D around centres of excellence. *Long Range Planning*, 28 (6): 19 –28.

24. Child, J. (1973) Strategies of control and organizational behavior. *Administrative Science Quarterly*, March.

25. Cohen, W. M. & Levinthal, D. A. (1990). Absorptive capacity: A new perspective on learning and innovation. *Administrative Science Quarterly*, 35, 128 – 152.

26. Collis and Montgomery (1995) Competing on resource: Strategy in the 1990. *Harvard Business Review*, July/August.

27. Contractor, F. and Lorange, P. (1998). *Cooperative Strategies in Internation-*

al Business. Lexington, MA: D. C. Heath.

28. Doz, Y. L. (1976). National Policies and Multinational Management. Doctoral dissertation. Harvard Business School.

29. Doz, Y. , J. Santos and P. Williamson (1997) The Metanational Corporation. INSEAD Working Paper, Fontainebleau, France.

30. Dunning, J. (1993). *Multinational Enterprises and the Global Economy.* Workingham, England: Addison – Wesley.

31. Dyer JH, Singh H (1998) The relational view: Cooperative strategy and sources of interorganizational competitive advantage. *Academy of Management Review* 23 (4): 660 – 679.

32. Edström, A. and Galbraith, J. R. (1977). Transfer of managers as a coordination and control strategy in multinational organizations. *Administrative Science Quarterly*, 22 (22) 248 – 263.

33. Etzioni, A. (1980) Compliance Structures. In: A Etzioni et al. (eds.) *A Sociological Reader on Complex Organizations* Holt. Rinehart and Winson: 87 – 100.

34. Fayerweather, J. (1978) International Strategy and Adminisitration. Ballinger.

35. Fouraker, L. E. and J. Stopford (1968) Organizational structure and the multinational strategy. Administrative Science Quarterly 13 (1): 47 – 64.

36. Franko, L. G. (1974). The move toward a multidivisional structure in European Organizations. *Administrative Science Quarterly*, 19, 493 – 506.

37. Franko, L. G. (1976). *The European Multinationals: a renewed challenge to American and British big business.* Stanford, Conn: Greylock.

38. Freeman, B. C. (1982). *The Economics of Industrial Innovation.* Cambridge, MA: MIT Press.

39. Frost, T. S. , Birkinshaw, J. M. and Ensign, P. C. (2002), Centers of excellence in multinational corporations. *Strategic Management Journal* 23 (11): 997 – 1018.

40. Galbraith, J. and D. Nathanson (1978) *Strategy implementation: the role of structure and process.* St. Paul, Minn: West.

41. Gassmann, O. and Zedtwitz, M. V. (1999). New concepts and trends in international R&D organization. *Research Policy*, 28 (s 2 – 3) 231 – 250.

42. Ghoshal, S. and Bartlett, C. A. (1988). Creation, adoption and diffusion of innovations by subsidiaries of multinational corporations. *Journal of International Business Studies*, 19 (3) 365 – 388.

43. Goehle, D. G. (1983). *Decision making in multinational corporations* [J] . *Administrative Science Quarterly*, 28 (2).

44. Gomes – Casseres, B. (1993) Managing international alliances: Conceptual framework. Harvard Business School Working Paper (9): 793 – 1333.

45. Gulati, R. (1995a). Social structure and alliance formation patterns: A longitudinal analysis. *Administrative Science Quarterly*, 40 (4), 619 – 652.

46. Gulati, R. (1995b). Does familiarity breed trust? The implication of repeated ties for contractual choice in alliances. *Academy of Management Journal*, 38 (1) 85 – 112.

47. Hakanson, L . and Nobel, R. (1993). Determinants of Foreign R&D in Swedish Multinationals. *Research Policy*, 22 (5 – 6) 397 – 411.

48. Hamel, G. (1991). Competition for competence and interpartner learning within international strategic alliances. *Strategic Management Journal*, 12 (S1) 83 – 103.

49. Hamel, G. P. , Doz, Y. L. & Prahalad, C. K. (1989). Collaborate with your competitors – and win. *Harvard Business Review*, 67 (1) 133 – 139.

50. Harvey, M. G. (1985). The executive family: An overlooked variable in international assignments. *International Executive*, 27 (3), 15 – 16.

51. Haspeslagh, P. and D. Jemison (1991) *Managing Acquisitions: Creating Value through Corporate Renewal.* New York: Free Press.

52. Hedlund, G. (1981): Autonomy of Subsidiaries and Formalization of Headquarters – Subsidiary Relationships in Swedish MNCs, in: Otterbeck, L. (Hrsg.): The Management of Headquarters – Subsidiary Relationships in Multinational Corporations. 25 – 78. Aldershot: Gower.

53. Heenan, D. and Perlmutter, H. (1979), *Multinational Organisation Development.* Addison – Wesley.

54. Hill, Charles W. L. Hill, C. (1997), *International Business.* Boston. MA: Irwin/ McGraw – Hill.

55. Hodgetts, R. and Luthans, F. (2000). *International Management.* Boston, MA: Irwin/ McGraw – Hill.

56. Hofstede, G. H. (1984). *Culture's Consequences: International Differences in Work – Related Values.* Sage Publications.

57. Hofstede, G. and Bond, M. H. (1984). Hofstede's culture dimensions. *Journal of Cross – cultural Psychology*, 15, 417 – 433.

58. Humes, S. (1993). *Managing the multinational: Confronting the global – local dilemma.* New York: Prentice – Hall.

59. Hymer, Stephen H. (1960) *The International Operations of National Firms*. MIT Doctoral Dissertation.

60. Johanson, J. and Mattsson, L. G. (1987). Interorganizational relations in industrial systems: A network approach compared with the transaction cost approach. *International Studies of Management & Organization*, 17 (1) 34 – 48.

61. Kets de Vries, M. and C. Mead (1991) Identifying management talent for a pan – European environment. In. S. Makridakis (ed.) Single Market Europe. San Francisco: Jossey Bass: 215 – 235.

62. Kim, W. C. and Mauborgne, R. A. (1991). Implementing global strategies: the role of procedural justice. *Strategic Management Journal*, 12 (S1) 125 – 143.

63. Knickerbocker, F. (1973) *Oligopolistic Reaction and Multinational Enterprise*. Cambridge, MA: Harvard University Press.

64. Kogut, B. and U Zander (1992) Knowledge of the Firm: Combinative Capabilities, and the Replication of Technology. *Organization Sciences* 3, 383 – 397.

65. Kogut, B. and Zander, U. (1993). Knowledge of the Firm and the Evolutionary Theory of the Multinational Corporation. *Journal Of International Business Studies* 24 (4): 625 – 645.

66. Korine, H., Asakawa, K. & Gomez, P. (2002). Partnering with the Unfamiliar: Lessons From The Case Of Renault And Nissan. *Business Strategy Review*, 13 (2) 41 – 50.

67. Kroeber, A. L. & Kluckhohn, C. (1952). Culture: A critical review of concepts and definitions. *Journal of Philosophy*, 47 (1) (1 – 2): 35 – 39.

68. Kuemmerle, W. (1997). Building Effective R&D Capabilities Abroad. *Harvard Business Review*, 75 (2) 61 – 70.

69. Kuemmerle, W. (1999). Foreign direct investment in industrial research in the pharmaceutical and electronics industries – results from a survey of multinational firms. *Research Policy* 28, 179 – 193.

70. Laurent, A. (1983). The cultural diversity of western conceptions of management. *International Studies of Management & Organization*, 13 (1/2) 75 – 96.

71. Lawrence, P. and J., Lorsch (1967) *Organization and Environment: Managing differentiation and integration*. Boston: Harvard Business School Press.

72. Levitt, T. (1983). *The globalization of markets*. Harvard Business Review: 61 (3): 92 – 103.

73. Makino, S. and Beamish, P. W. (1998). Performance and survival of jvs

with non – conventional ownership structures. *Journal of International Business Studies*, 29 (4) 797 – 818.

74. Martinez, J. I. and Jarillo, J. C. (1989). The evolution of research on coordination mechanisms in multinational corporations. *Journal of International Business Studies*, 20 (3) 489 – 514.

75. Mendenhall, M. and Oddou, G. (1985). The dimensions of expatriate acculturation: a review. *Academy of Management Review*, 10 (1) 39 – 47.

76. Miles, R. and C. Snow (1978) *Organizational Strategy, Structure, and Process.* [J] New York: McGraw – Hill.

77. Mintzberg, H. (1973) *The Nature of Managerial Work.* New York: Harper& Row.

78. Nobel, R. and Birkinshaw, J. (1998). Innovation in multinational corporations: control and communication patterns in international R&D operations. *Strategic Management Journal*, 19 (5) 479 – 496.

79. Nohria, N. and Ghoshal, S. (1993). Horses for courses : organizational forms for multinational corporations. *Sloan Management Review*, 34 (2), 23 – 35.

80. Nohria, N. and Ghoshal, S. (1997). *The Differentiated Network: Organizing Multinational Corporations for Value Creation. The differentiated network : organizing multinational corporations for value creation.* Jossey – Bass.

81. Nonaka, I. (1994). A Dynamic Theory of Organizational Knowledge Creation. *Organization Scienc.*

82. Ouchi, W. G. (1977). The relationship between organizational structure and organizational control. *Journal of Ethnic & Migration Studies*, 22 (1), 1 – 18.

83. Perlmutter, H. V. (1969). The tortuous evolution of the multinational corporation. *Columbia Journal of World Business*, 4, 9 – 18.

84. Peters, T. J. and Waterman, R. H. (1982). *In search of excellence: Lessons from America's best – run companies.* Harper & Row.

85. Porter, M. (1986) *Competition in global industries* (ed.) . Boston, MA: Harvard Business School Press.

86. Porter, M. E. (1990). The Competitive Advantage Of Nations. London: Macmillan.

87. Powell, W. W. (1987). Hybrid organizational arrangements: new form or transitional development. *California Management Review*, 30 (1) 67 – 87.

88. Powell, W. W. (1989). Neither market nor hierarchy : network forms of or-

ganization. In B. Staw et al. (eds) *Research in Organizational Behavior*, 12.

89. Powell, W. and Smith – Doerr, L. (1996). Interorganizational collaboration and the locus of innovation: networks of learning in biotechnology. *Administrative Science Quarterly*, 41 (1) 116 – 145.

90. Prahalad, C. K. (1975). The Strategic Process In a Multinational Corporation. Doctoral Dissertation.

91. Prahalad, C. and Doz, Y. (1987) *The Multinational Mission : Balancing Local Demands And Global Vision*. The Free Press, New York.

92. Ronstadt, R. (1977). *Research and Development Abroad by U. S. Multinationals*. New York: Praeger.

93. Ronstadt, R. C. (1978). International R & D: The Establishment And Evolution Of Research and Development Abroad by Seven U. S. Multinationals. *Journal of International Business Studies* 9 (1): 7 – 24.

94. Rumelt, R. P. (1991). How much does industry matter? . *Strategic Management Journal* 12 (3): 167 – 185.

95. Serapio, M. G. and Cascio, W. F. (1996). End – games in international alliances. *Academy of Management Executive X* (1): 62 – 73.

96. Shan, W. and Song, J. (1997) Foreign direct investment and the sourcing of technological advantage: evidence from the biotechnology industry. *Journal of International Business Studies* 28 (2): 267 – 284.

97. Shaver, J. M. and Flyer, F. (2000) Agglomeration economies, firm heterogeneity, and foreign direct investment in the United States. *Strategic Management Journal*, 21 (12) 1175 – 1193.

98. Spekman, R. , L. Isabella, T. Macavoy and T. Forbes (1997) Alliance And Partnership Strategies. A Guide to Managing Successful Alliances, ICEDR Report.

99. Stopford, J. M. (1980). Growth And Organizational Change In The Multinational Firm. Doctoral Dissertation, Harvard Business School.

100. Stopford, J. M. and Wells, L. T. (1972). *Managing the Multinational Enterprise*. New York: Basic Books.

101. Taggart, J. H. (2007). Determinants Of The Foreign R&D Locational Decision In The Pharmaceutical Industry. *R&D Management* 21, 229 – 240.

102. Taggart, J. and M. McDermott (1993). *The Essence of International Business*. London: Prentice Hall.

103. Tannenbaum, A. (1968). Control *in Organizations*. New York: McGraw –

Hill.

104. Terpstra, V. (1977). International product policy: The role of foreign R&D. *Columbia Journal of World Business*, Winter, 24 – 32.

105. Trompenaars, C. (1994). *Riding the Wave of Culture.* Burr Ridge: Irwin.

106. Trompenaars, F. (1994). Riding the waves of culture: understanding cultural diversity. *Cultural Diversity in Business* 2nd ed. New York: McGraw – Hill.

107. Tung, R. (1988a). Career issues in international assignments. *Academy of Management Executive*, 11 (3): 241 – 244.

108. Tung, R. L. (1988b). *The New Expatriates: Managing Human Resources Abroad.* Cambridge, MA: Ballinger.

109. Vernon, R. (1971). *Sovereignty At Bay: The Multinational Spread Of U. S. Enterprises.* New York: Basic Books.

110. von Hippel, E. (1988). *The Sources of Innovation.* New York: Oxford University Press.

111. Welge, M. (1981) The effective design of headquarters – subsidiary relationships in German MNCs. In: *The Management of Headquarters : Subsidiary Relationships in Multinational Corporations.* Hampshire: Gower.

112. Wernerfelt, B. (1984). A resource – based view of the firm. *Strategic Management Journal* 5 (2): 171 – 180.

113. Wild, J. , K. Wild and J. Han (2001). *International Business: an Integrated Approach.* New Jersey: Prentice – Hall.

114. Yip, G. (1989). Global Strategy/in a World of Nations? . Sloan Management Review Fall: 29 – 41.

115. Yip G S. (1992) *Total Global Strategy.* Prentice Hall.

116. Young, S. , Hood, N. and Hamill, J. (1985). Decision – Making in Foreign – Owned Multinational Subsidiaries in The United Kingdom. ILO Working Papers No. 35. Geneva: ILO.

117. Zaheer, S. (1995). Overcoming the liability of foreignness. *Academy of Management Journal*, June: 341 – 363.

118. 伊丹敬之 (1998). 「経営と国境: グローカル経営と経営の政治化」リーディングス国際政治経済システム, 相対化する国境 1 経済活動有斐閣, (2).

119. 伊藤元重 (1998). 「序章 経営と国境: グローカル経営と経営の政治化」リーディングス国際政治経済システム, 相対化する国境 1 経済活動有斐閣,（2）.

    120. 小林規威他（1968）. 国際経営河出書房.

    121. 吉原英樹（1978）. 多国籍経営論白桃書房.